“互联网+”教育系列

高中MOOC进行时

张　治　田爱丽
秦红斌　孙　瑜　著

上海科技教育出版社

图书在版编目(CIP)数据

高中MOOC进行时/张治等著.—上海:上海科技教育出版社,2017.3

("互联网+"教育系列)

ISBN 978-7-5428-6544-1

Ⅰ.①高… Ⅱ.①张… Ⅲ.①网络教学—教学研究—高中 Ⅳ.①G632.0

中国版本图书馆CIP数据核字(2016)第319340号

责任编辑 熊未来

装帧设计 符 劼

"互联网+"教育系列

高中MOOC进行时

张 治 田爱丽 秦红斌 孙 瑜 著

出版发行 上海世纪出版股份有限公司

上 海 科 技 教 育 出 版 社

(上海市冠生园路393号 邮政编码200235)

网　　址 www.sste.com www.ewen.co

经　　销 各地新华书店

印　　刷 启东市人民印刷有限公司

开　　本 787×1092mm 1/16

印　　张 10.25

版　　次 2017年3月第1版

印　　次 2017年3月第1次印刷

书　　号 ISBN 978-7-5428-6544-1/G·3734

定　　价 38.00元

序言

MOOC，在适应中进化着

2012 年的 MOOC 元年仿佛还在昨日， Coursera、Udacity 和 edX 三大 MOOC 课程供应商以传统教育挑战者的姿态进入人们的视野，中国本土的 MOOC 产品，如学堂在线、中国大学 MOOC 等也一直在争议中前行。四年来，MOOC 从传统教育的对立面走向了与传统的融合发展，从单纯的资源供给走向更为完善的教育综合服务体系，在经历了诞生之初的火热和随后的“唱衰论”，起起伏伏的 MOOC 行业在不断进化中顽强生存。

纵观 MOOC 的进化历程，我们可以清晰地发现三条主线：

1. MOOC 在与传统教育融合中顽强生存

MOOC 不再担任传统教育的终结者角色，而是与传统教育很好融合。线上教育高效快速，能突破时间与空间的壁垒，降低学习门槛；但线下教育能当面授课，师生互动性强，在讲解重点难点、实操性课程上优势显著。把两者融合，就能充分发挥双方优势，帮助学生最大化地获得学习效果。把线上、线下、图文、影音、自学、面授等多种形式共同作用于学习过程中，混合式学习渐成主流。“混合式学习”（Blended learning），核心是在“合适的”时间为“合适的”人采用“合适的”学习技术以及和适应“合适的”学习风格而传递“合适的”技能来优化与学习目标对应的学业成就。这种融合不仅仅完善了 MOOC 的服务，也促进传统教学的流程再造，形成线上与线下结合的“翻转课堂”方法，既方便学生自学，又丰富了教师的教学方式，成为了混合式学习在 MOOC 行业中的典型实践案例。

2. MOOC 与人工智能的融合，逐渐进化成自适应学习新模式

MOOC 虽然促进教育资源的公平分享，但是一开始的 MOOC 缺乏个性化，这一直是其硬伤。学习是一个高度个性化的事情，每个学生起点不同，学习习惯和方法也差异很大。传统教育中，没有一套教学法是适合每一个学生的。MOOC 能否因材施教，一直是其深深的困惑。大数据在互联网领域的应用却能帮助 MOOC 化解个性化学习的难题。MOOC 利用其后台积累的用户数据，掌握每个学生的学习偏好、常用时间、学习进度等基础信息，并通过数据处理分析得出他们的学习能力、对不同知识的掌握程度等。数据科学而理性，不会说谎，有助于 MOOC 产品做出准确判断，也让个性化学习成为可能。基于数据的资源推送，就是根据用户不同的学习特性而做的推荐，也可以看成是个性化学习的起点，这正是自适应学习的核心理念。基于人工智能的自适应学习能因应个性发展，为 MOOC 注入新的活力，并越发显现其强大的生命力。

3. MOOC 的内涵外延在不断拓展，形成系统进化的强大动力

MOOC 的用户向中小学学生延伸，MOOC 的领域从知识传授到能力培养，从人文精神到科技工程，从学术深造到生活休闲，从基于电脑到基于移动端，从部分环节在线到选课、测评、讨论全流程移动学习，MOOC 的延伸和拓展从没有停止过。上海市高中名校 MOOC、上海市研究型课程自适应学习系统（MOOR）等均是其不断进化、创新的产物。

这些应用创新不仅仅拓展了 MOOC 用户群体，也在理念、方法和技术上完成了 MOOC 的精神繁衍，从学生到教师，从普通民众到政商精英越来越接受 MOOC，这才是其强大的生命源泉。

MOOC 与中小学教育的深度融合，上海的探索也许仅仅是开始，MOOC 与传统学校的功能分工如何？传统学校该如何适应 MOOC 的冲击，如何与 MOOC 协同进化？该如何建设中小学 MOOC？这些都是《高中 MOOC 进行时》期待回答的问题。MOOC 的进化不会就此止步，不变的是 MOOC 存在的初衷，改变教学资源占有不均衡的现状，让每一个想要提升自己的人都能获得高质量的教学资源，让学习无处不在，让资源唾手可得，让课程时时追随，整个社会的教育因此变得更为智慧、公平，MOOC 在适应中不断进化着。这是我们的共同期待，这也是我们写本书的初衷。

是为序。

张　治

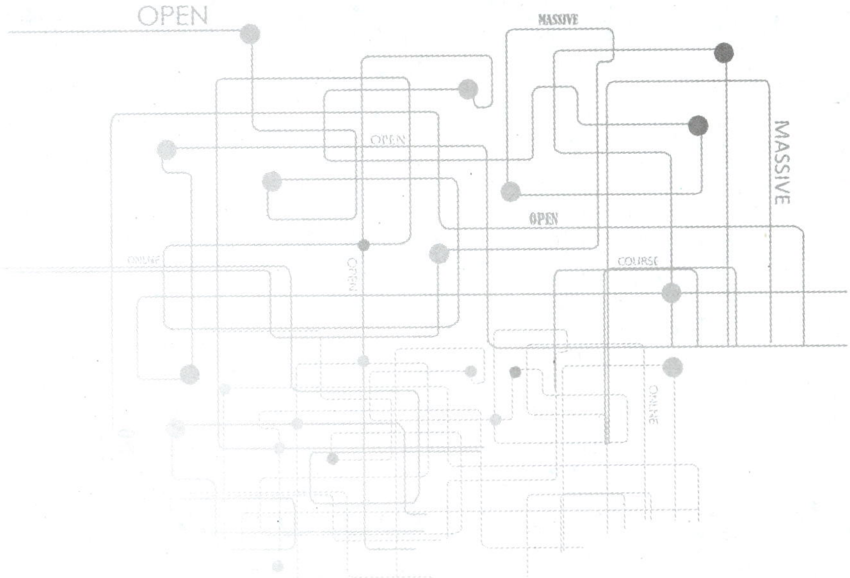

MOOC

MOOC

MOOC

MOOC

MOOC

目录

第三章　MOOC教学与管理方法

第四章　MOOC数据的挖掘与分析

第五章　后MOOC时代

第一章
MOOC 引发的学习革命

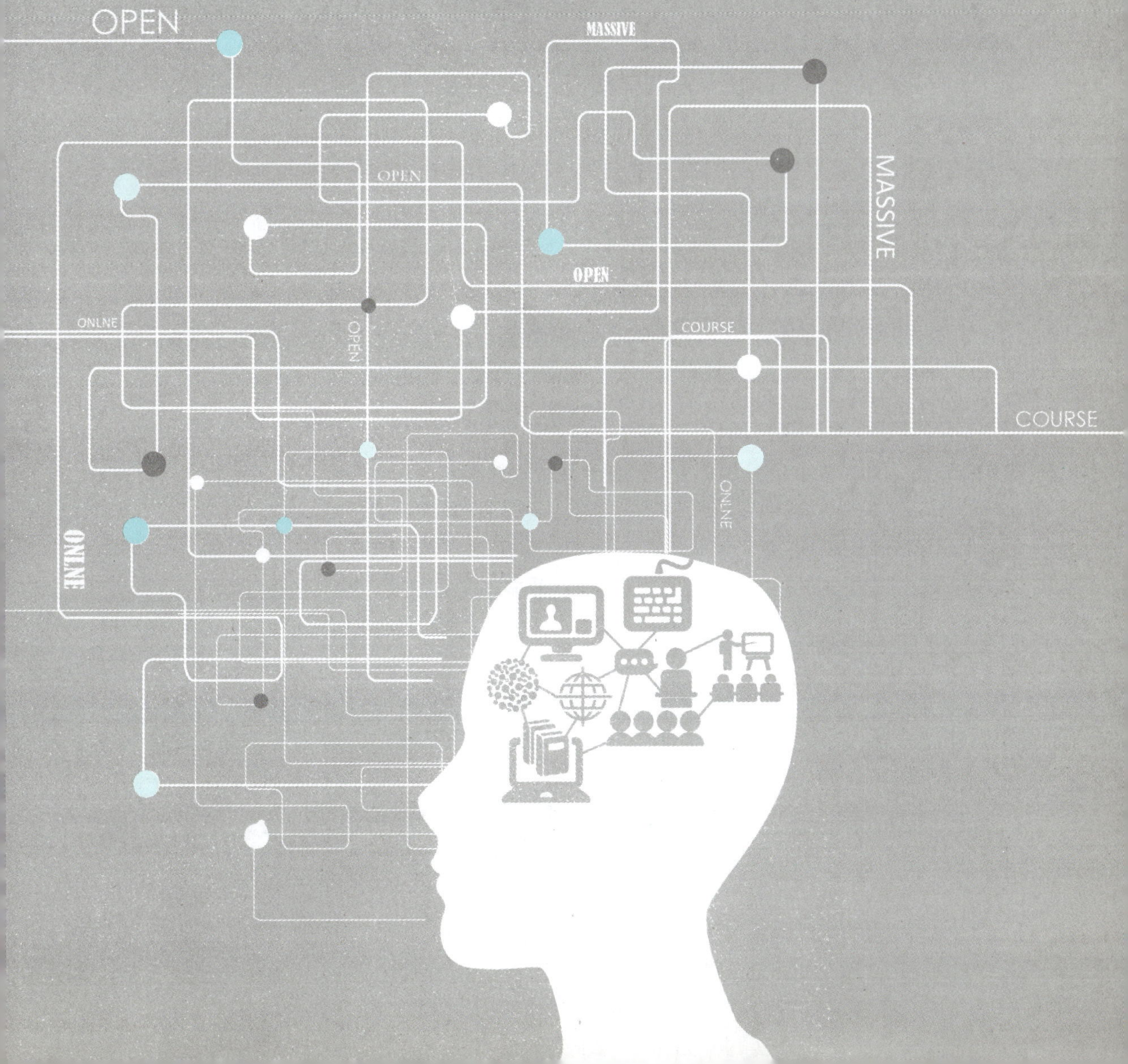

MOOC（本书中“MOOC”与“慕课”通用）激发网络教育飞速发展，各种学习平台不断涌现，但MOOC在教育领域中的意义不仅仅局限于此，它的出现正在潜移默化地影响甚至是冲击着传统教育，引发一场前所未有的学习革命。本章我们将MOOC对教育已经产生或者将要产生的影响进行探讨，从MOOC的渊源和流行必然性说起，探讨其引发的学习革命和教学重构。

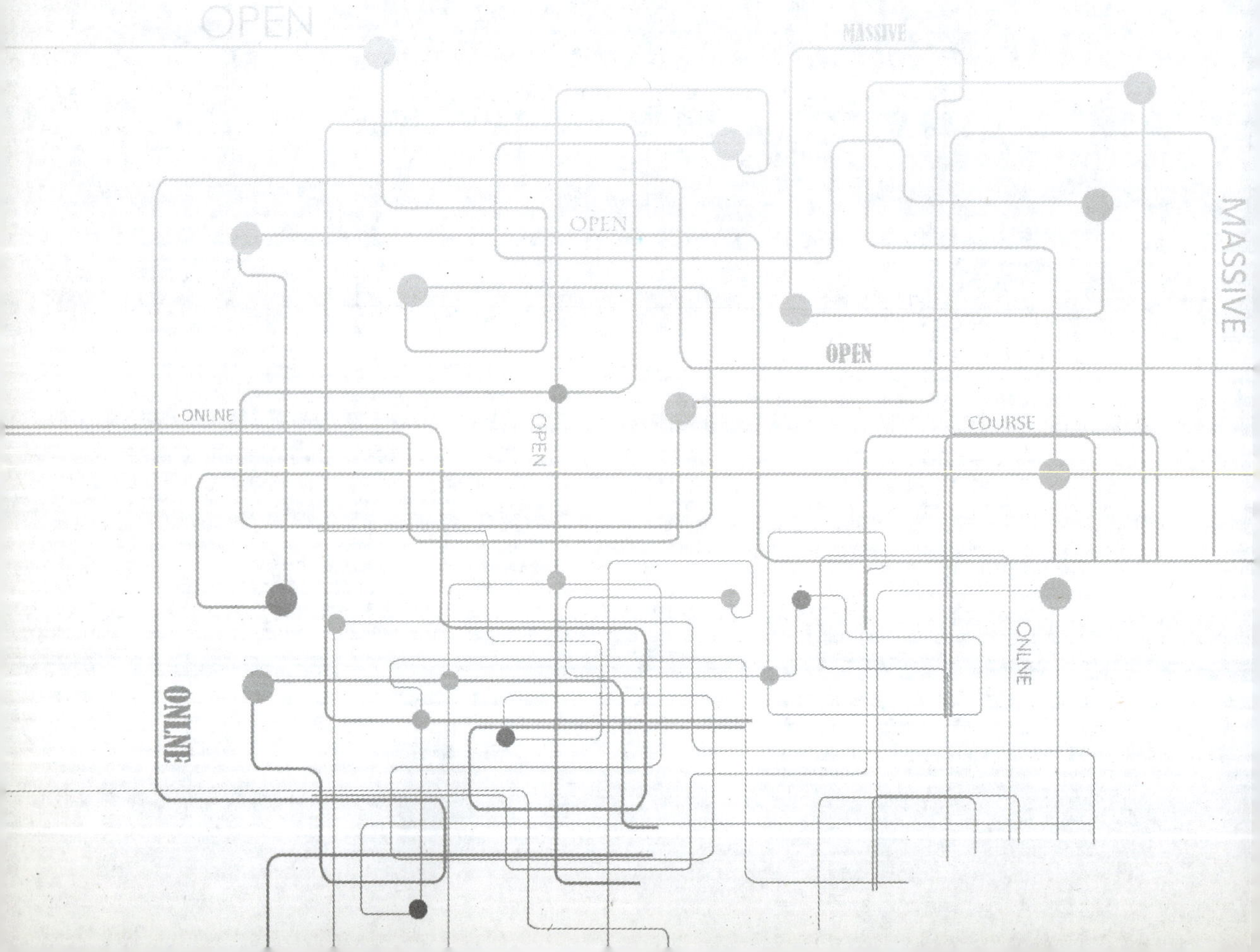

第一节　MOOC的渊源与常用平台

经过数年的发展，MOOC 的影响已经不仅仅局限于高等教育和终身教育的范畴，其影响力逐渐延伸到了 K–12 教育领域。本节主要探讨 MOOC 的渊源以及国内外常用的 MOOC 平台。

一、MOOC的渊源

（一）MOOC概念解读

MOOC/MOOCs（Massive Open Online Course/Courses），指大规模开放在线课程，中文译为“慕课”。一般情况下，在指潮流、现象时，多用MOOC；在指大量课程时，用MOOCs[1]。MOOC的概念起源于连通主义，2008年由加拿大学者首次提出，经过发展，这种基于连通主义的MOOC被称为cMOOC，后又衍生出xMOOC和tMOOC等其他形式。

MOOC还没有完全既定的概念。牛津词典在线（Oxford Dictionaries Online）2013年收录了MOOC一词，释义MOOC是“一种学习的课程，通过互联网可以获取，不对大规模人群收费，任何人只要决定学习MOOC，都可以登录网站并且注册学习”[2]。维基百科的定义是：“MOOC是一种针对大众人群的在线课

1　高地.MOOC热的冷思考——国际上对MOOCs课程教学六大问题的审思[J].远程教育杂志，2014（2）：39–47.

2　http：//www.oxforddictionaries.com/definition/english/mooc.

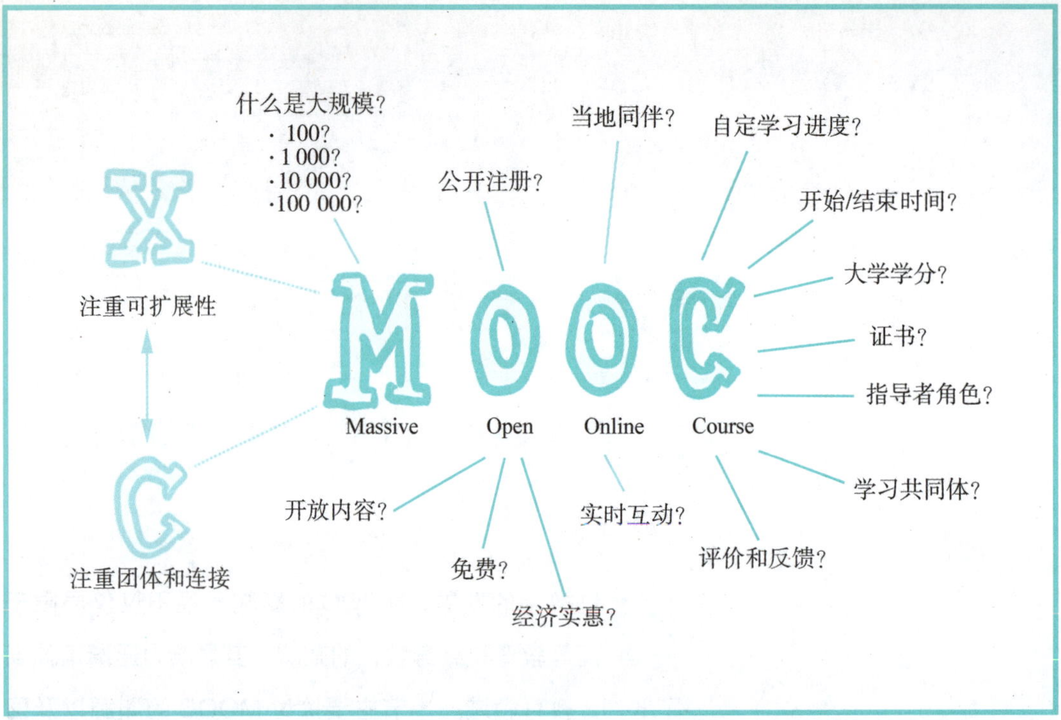

图1-1 维基百科对MOOC的解读

堂,人们可以通过网络来学习在线课堂”[1]。关于MOOC的定义虽然有不同的解读,但都包含了“Massive”“Open”“Online”“Course”这四个要素,如图1-1所示。

1. Massive

Massive可翻译为“大规模”,在这里是用来形容MOOC课堂容量的规模大。提到“大规模”,便会想到其“限度”问题,就数量而言,即是否有具体的人数限制问题。目前来看,100人的课堂相对于传统线下课堂,尤其是高校的通识课与公选课,还不算“大规模”,但这个数字已经超过普通中小学传统课堂的容量了。在MOOC中,100人的课堂并不鲜见,1 000乃至10 000甚至更多的课程参与人数也是可以实现的,“大规模”并没有明确的数字限定。

2. Open

Open是“开放”的意思,相对于传统课堂教学,MOOC的学习门槛相对较低,主要表现在四个方面。第一,MOOC没有先修条件,只要对MOOC课程感兴趣,学生(所有学习

1 https://zh.wikipedia.org/wiki/大规模开放在线课堂.

MOOC的人，即MOOC课堂的学生，也是广义上的学生，本书中将其统称为学生）就可以通过MOOC平台选择该门课程；第二，MOOC面向所有学生，只要有充足的时间和精力，世界各地的人都可以选修MOOC课程；第三，学习成本较低，公益性质的MOOC平台是免费提供学习课程的，商业性质的MOOC平台虽然收取学习费用，但费用相对低廉；第四，没有规模限制，由于场地、教师资源等方面的限制，传统的课堂教学规模是有限的，但是以网络为媒介传授知识的MOOC不受一般客观条件的限制，因而没有规模限制。MOOC开放性的特点降低了学习的种种限制，有利于形成全民学习的社会氛围。

3. Online

Online 指MOOC课程的载体（即互联网）在线。正是因为MOOC处于网络环境中，才能实现前面“大规模”“开放”的特征。但是，只要是网络上有的课程资源就算MOOC，还是需要在学习过程中有师生交互交流才算？这个问题的答案恰好说明了MOOC与传统网络课程资源的最大不同——MOOC有师生实时交互和学生相互评价的过程。除此之外，一些地区还在MOOC的基础上建立了本地群组，方便线下的交流讨论。

4. Course

Course即课程，是构成“MOOC”这个专有名词的最后一个单词，也是中心词。它不仅是网络上分享的精品课程课件资料或课程设计，还包含线上线下从课程设计开始到教学过程结束的动态整体。它包括课程和教学的设计理念、课程内容的选择与制作、教学进程的管理和互动、最终评价与学分等多方面。

以上四个要素是解读MOOC的基础。当前，MOOC主要有两种类型，分别是cMOOC和xMOOC，其中最先出现的是基于连通主义发展起来的cMOOC，然而，最流行、使用最为广泛的是基于行为主义的xMOOC，两者的主要区别在于教学模型及过程有所不同，本章第三节有详细介绍，在此不再赘述。

本书所提的MOOC主要指xMOOC，这里我们将这类MOOC定义为一种不限制参加人数、对所有在线用户开放的网络课程。这些网络课程遵循了“课前准备、组织教学、考试评价”这一传统的教学模式，由教师负责整体的课程设计，提供一系列简短的基于知识点的课程视频、阅读材料以及相关问题测试，强调双向教学。一方面，教师可以通过课堂在线问答、测试等环节获得学生学习状况的实时反馈，及时调整教学；另一方面，学生可以通过论坛获得教师或者助教的答疑。课程学习结束以后，若学生通过课程考核，则可以获得相应的证书，有些MOOC平台的课程学分甚至可以兑换相应学校的学分。这种双向教学模式更加接近教育的本质，使得教师与学生的互动更加系统化、常态化，教学也不再局限于单向的知识传输。

（二）MOOC的起源

1. 连通主义

2005年，加拿大曼尼托巴大学（University of Manitoba）的乔治·西蒙斯（George Siemens）在《Connectivism：A Learning Theory for the Digital Age》一文中首先提出了基于互联网环境的连通主义（也译作联结主义）学习理念，其基本思想是：学习不再是一个人的活动，学习是连接专门节点和信息源的过程[1]。

2008年，他与斯蒂芬·道恩斯（Stephen Downes）在曼尼托巴大学一起开设了名为“连通主义与连通性知识（Connectivism and Connective Knowledge, CCK08）”的课程。该课程结合了开放内容和开放教学的思想，同时还支持学生以多种形式参与学习，比如通过YouTube、博客、Twitter及其他社会性软件学习[2]。为呼应这门课程中体现的教育思想和课程形式，加拿大学者戴夫·考米尔（Dave Cormier）和布莱恩·亚历桑德（Bryan Alexander）提出MOOC这个概念，概念强调了大规模（Massive）、开放（Open）和在线（Online）是能够实现连通主义思想的前提[3]。

2. 开放教育资源运动

MOOC被普遍认为脱胎于“开放教育资源（Open Educational Resource, OER）”运动——致力于通过互联网提供免费教育资源[4]。美国麻省理工学院在2001年最早推行“开放课件（Open Courseware, OCW）”运动，是“开放教育资源”运动的先驱，计划用10年时间把学院几乎全部的、在教学时间中使用的共计2 000多门课程的教育资源分批通过网络发布，目的在于为全世界的教育工作者、在校大学生和自学者提供免费学习的机会，并尝试为在线学习建立一个高效的、基于标准的典范[5]。2002年，联合国教科文组织在“高等教育开放课件对发展中国家的影响”论坛中正式提出“开放教育资源”的概念[6]，内涵是“共同发展的为

1 George Siemens. Connectivism：A learning Theory for the Digital Age[J]. Instructional technology & distance learning, 2005, 2(1)：3-10.
2 李青，王涛. MOOC：一种基于连通主义的巨型开放课程模式[J]. 中国远程教育，2012(3)：30-36.
3 李曼丽，张羽，叶赋桂等. 解码MOOC：大规模在线开放课程的教育学考查[M]. 北京：清华大学出版社，2013：90.
4 吴维宁. 大规模网络开放课程（MOOC）——Coursera评析[J]. 黑龙江教育（高教研究与评估），2013(2)：39-41.
5 丁兴富，王龙. 麻省理工学院开放课件运动述评[J]. 中国电化教育，2004(10)：74-78.
6 UNESCO. Forum on the Impact of Open Courseware for Higher Education in Developing Countries[DB/OL]. [2012-04-15]. http：//www.unesco.org/search/search_en.html.

全人类所适用的普遍性教育资源”[1]。此后，全世界范围内的高校纷纷加入了这场开放教育资源运动。

MOOC与一般的OCW相比有显著的区别，如表1–1所示。OCW是比较单纯的网络学习资源共享，MOOC更趋向于将网络学习与传统教学相结合的“互联网+教育”学习模式。从本质上而言，OCW模式依然是传统的在线课程模式，最明显的表现是学习过程缺少互动交流和学习效果难以达成及时的反馈[2]。虽然有些公开课设置了互动交流平台，但利用率相对较低。如，我国的国家精品课程中有42.6%的课程搭建了留言板和BBS等论坛，这些课程中有69.2%的课程有留言信息，但只有2.7%课程有回复信息，平台的利用率极低[3]。另外，OCW是由教师单向授课，视频放在平台上供大家自由观看，没有学习进度和考试，有些课程资料不够完备，不提供修课凭证，有效的学习激励机制相对缺乏。

表1–1 OCW和MOOCs比较

	OCW	MOOCs
教学环节	不完整	完整
课程视频	多为章节视频	基于知识点的短视频
课程来源	多为实际上课跟拍	摄影棚录制
师生互动	较少	线上讨论区 线上测验与作业缴交 部分MOOC课程会安排线下见面会
学习认证	无	授予学习合格者相应的课程证书

MOOC是在OCW的基础上进一步发展，它不再是单纯的网络学习资源，而是传统的课堂教学与网络学习的深度融合，诠释了“互联网+教育”的理念。首先，MOOC是双向教学，结合练习、测试、交流与互动等内容，提供更完整的学习平台，教学环节也相对完善。学生可以了解自己的学习进度，有问题也可以与教师或者同伴交流。另外，不同于OCW模式，MOOC并非单纯以录像记录课堂，单向传授教学内容，MOOC教师需要设计并制作课程，规划作业内容、随堂考试等，学生自主安排学习进度，通过课程测试之后可以获得相应的学习证书。可以说，MOOC对于教育教学的意义和影响已经远远超越了OCW。

1 UNESCO. Forum on the Impact of Open Courseware for Higher Education in Developing Countries：Final Report[DB/OL]. 2002(7). http：//unesdoc.unesco.org/images/0012/001285/128515e.pdf.
2 李曼丽，张羽，叶赋桂等. 解码MOOC：大规模在线开放课程的教育学考查[M]. 北京：清华大学出版社，2013：88.
3 唐燕儿，刘召山 .MIT OCW项目和国家精品课程建设理念与运行机制比较[J]. 现代远程教育杂志，2011(3)：54–59.

（三）MOOC的发展

MOOC发展的总体路线如图1–2所示，在开放教育、开放内容、开源软件、麻省理工学院开放课件运动等理念以及行动的影响下，OER诞生，它促使优质教育资源逐步对外开放。2008年加拿大曼尼托巴大学教授开设了名为“连通主义与连通性知识”的课程。课程具备大规模、开放、在线的特征，加拿大学者据此提出了MOOC概念，标志着基于连通主义的cMOOC诞生。连通主义主张学生要从知识的被动接受者转变成主动构建者。cMOOC强调知识生成而并非知识传授，学生需要具备较高的自觉性，教师也不再是主导者而是发起、引导和组织者，这类教学形式对学生和教师的要求都相对较高。

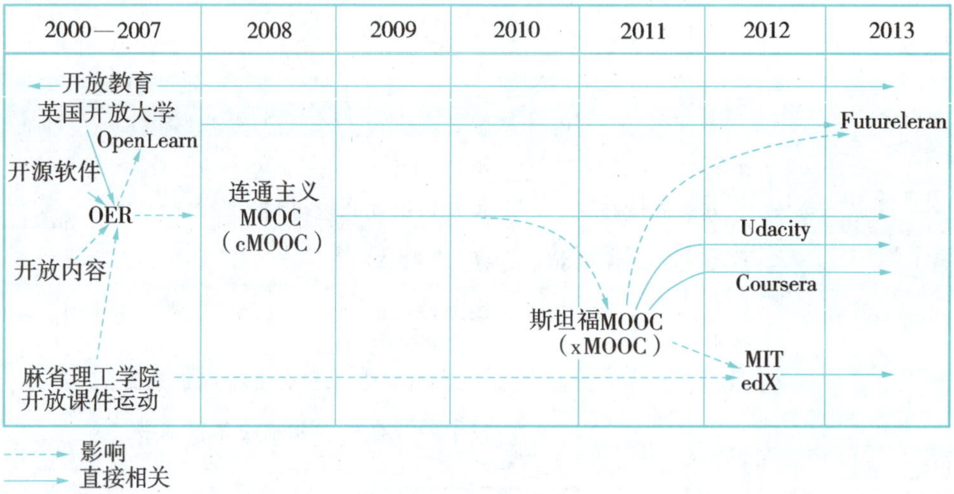

图1–2　MOOC与开放教育时间图[1]

MIT edX：2012年5月，MIT与哈佛大学合作，在MITx的基础上成立edX。

但是，MOOC的后续发展，尤其是2012年“MOOCs之年”后的发展轨迹，已是“基于行为主义开发的优质网络课程”xMOOC占据发展优势[2]。很多课程设计者更加看中传统行为主义授课方式在网络中的可传播性，而放弃使用联通主义方法开设课程。相比较而言，xMOOC并不注重知识生成，而是旨在使学生掌握教学内容，类似于“搬上网络的课堂”。

1 Li Yuan, Stephen Powell. MOOCs and Open Education: Implications for Higher Education. [2013(3)]. http://publications.cetis.ac.uk/2013/667.

2 刘菊.关联主义的网络学习观及cMOOC实践发展研究[J].远程教育与网络教育，2014(6)：42–48.

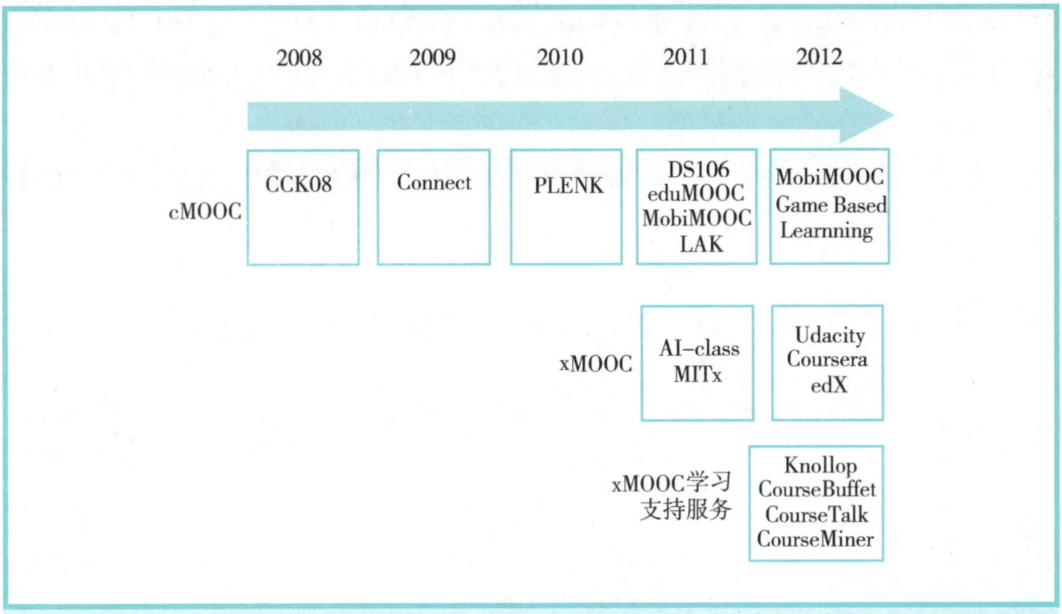

图 1-3　MOOC发展历程

Connect：联结、连接。
PLENK：Personal Learning Environments Networks and Knowledge，个人学习环境和关联知识的开放课程。
DS106：digital storytelling106，美国玛丽华盛顿大学启动的一个在线的开放课程。
eduMOOC：一种MOOC平台的名称。
MobiMOOC：移动MOOC。
LAK：Learning Analytics and Knowledge，学习分析与知识（课程）。
AI-CLass：Artificial Intelligence class，人工智能课程。
MITx：MIT推出的交互式学习平台。
GAME based learning：教育类游戏，例如：http：//cn.codecombat.com/。
Knollop：知识译语课程点评网。
CourseBuffet：自助选式公开课索引网，是一个网络公开课索引网站。
CourseTalk：在线教育点评网，是一个在线课程类的点评网站，用户在CourseTalk可以查看、撰写对某个在线课程的评价，并对自己感兴趣的课程进行标记。
CourseMiner：用于挖掘、搜索MOOC课程的网站。

这种回归传统的MOOC赢得了教师和学生的喜爱，在商业领域，迅速地占领了广阔的市场，世界顶尖的高等学府纷纷加盟，吸引了遍布全球的学生。一般而言，今天我们所说的MOOC通常指xMOOC。

MOOC在世界范围内引起了强烈的反响，在向高校和商业领域进一步发展的同时，大量的MOOC平台出现。目前，Coursera、Udacity、edX是人气最高的MOOC平台。世界各地的知名高校也加盟MOOC，例如美国的麻省理工学院、哈佛大学、斯坦福大学等，中国的清华大学、复旦大学、上海交通大学等。MOOC敲开了世界顶尖高校的大门，使得优质的教育资源不再遥不可及。MOOC的飞速发展也吸引了媒体的关注，一度成为媒体争相报道的宠儿。2011年12月，MOOC最先出现在美国"高等教育课报"（Inside Higher Ed）上。到2012年，美国《时代周刊》已将该年称为"MOOCs之年"，还有的媒体甚至宣称，基于校园的传统教育的末日已经来临。

MOOC的起源	• MOOC起源于连通主义理论和开放教育资源运动。
早期的MOOC	• 2007年8月大卫·怀特在美国犹他州州立大学教授早期的MOOC，或称为MOOC的原型，一个开放给全球有兴趣学习的人来参与的研究生课程。 • 2008年，乔治·西蒙斯（George Siemens）与斯蒂芬·道恩斯（Stephn Downes）在曼尼托巴大学一起开设了名为"连通主义和连通性知识"的课程。 • ……
发展期	• 在2011年MOOC有重大突破，超过16万人透过塞巴斯汀·索恩新成立的知识实验室（现称Udacity）参与索恩和彼得·诺威格所开设的人工智能课程。 • 随着MOOC的知名度和高注册率，达芙妮·科勒（Daphne Koller）和吴恩达教授（Andrew Ng）创立了Coursera。 • MIT也在2011年推出非商业版的MITx，以发展免费和开放的线上教育平台。 • 2012年5月，MITx与哈佛大学开放学习计划共同成立了edX。

图1–4　MOOC的总体发展历程

随着关注度的持续增高，MOOC在得到人们认可的同时，也收到了很多批判与质疑的声音。与2012年对MOOC的期待与赞扬相反，2013年成了"反MOOC之年"。这些反对的声音主要来自教师，例如《高等教育编年史》（The Chronicle of Higher Education）报道的美国大学教授联合会（AAUP）认为MOOC侵犯了教授们的知识产权；Coursera的课程提供者杜克大学（Duke University）的教员们也对MOOC说"不"，并且对学校和政府推动MOOC的举动感到沮丧；哈佛大学58名教授甚至联名呼吁学校关注于edX合作中的学术伦理道德问题等。新媒体联盟"地平线报告"的参与者莱瑞·约翰逊（Larry Johnson）也对MOOC能否高效互动产生了质疑，认为"MOOC不可能是传统教育的有效代替品"。约翰·巴格利（Joh Baggaley）专门撰写了一篇名为《反思MOOC热潮》的文章，通过对MOOC中的知识产权归属问题以及教学模式的有效性等几个方面阐述了他对MOOC的担忧，他认为技术会让人与人的隔阂加深，而以新技术为载体的MOOC实践也还存在诸多问题，需要审慎看待。也有人对MOOC的教育对象做出了质疑。虽然MOOC倡导者与开发者的初衷是向学龄期青少年提供免费而优质的教育平台，使其能够不分国界、阶级、贫富等享有平等的接受高等教育的权利；但是从MOOC的实际运行结果看，年龄较大并且已经接受过良好高等教育的群体占据了MOOC参加者的50%以上[1]。

尽管出现了以上这些反对声音，但是MOOC仍被列入了越来越多高校、中小学、网络教育机构和企业以及研究者的工作和研究日程中，并且保持着较为快速的发展。对于中国MOOC的发展而言，2013年才算是开局。到了2016年，从MOOC平台上逐渐增加的注册人数和完成人数可以清晰地看出来，人们对于MOOC的关注并没有减少，反而越来越多的人加入MOOC，并完成学习，可见MOOC的流行有其必然性。

二、国内外常用MOOC平台

（一）国外常用的MOOC平台

1. Udacity

2011年秋，斯坦福大学的教授塞巴斯蒂安・特龙（Sebastian Thrum）和彼得・诺维格

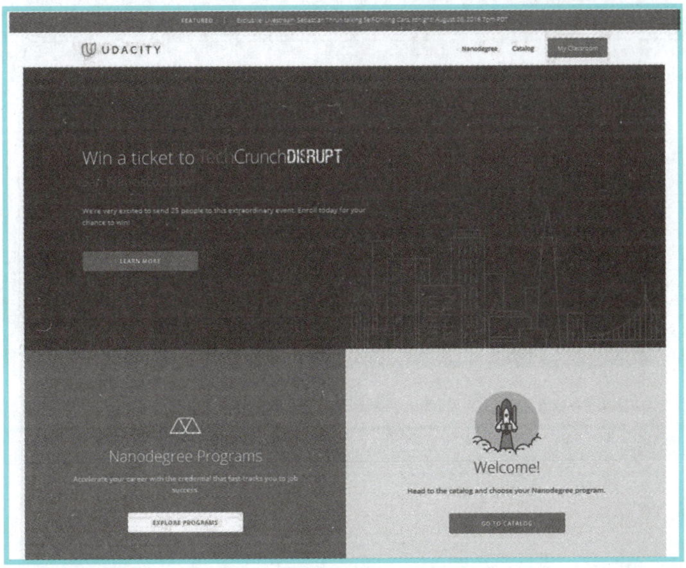

图 1–5 Udacity 首页

1 乔纳森・哈伯著，刘春园译.慕课：人人可以上大学[D].北京：中国人民大学出版社，2015：126–130.

(Peter Norvig)一起在网上开设了一门叫做“人工智能”(CS221: Introduction to Artificial Intelligence)的课程,来自190个国家的16万人注册参与了课程学习。2012年,特龙与大卫·史蒂文森(David Stavens)以及迈克·索科尔斯基(Mike Sokolsky)一起创办了营利性在线课程供应平台Udacity,并首先推出了两门为期两周的MOOC,分别是关于机器人车编程和建立搜索引擎,吸引了约6.5万学生注册并参与学习。

2. Coursera

2011年底,斯坦福大学将3门课程免费放到了网上,其中吴恩达教授(Andrew Ng)的“机器学习”(Machine Learning)吸引了来自世界各地10万人。吴恩达教授看到了这种课程模式的前景,在2012年与达芙妮·科勒(Daphne Koller)创立Coursera公司。公司在获得投资后,与宾夕法尼亚大学、斯坦福大学、普林斯顿大学以及密歇根大学达成了合作意向。同年7月,Coursera的合作伙伴增加到16个。而截至2016年7月,已经有包括中国的清华大学、北京大学、台湾大学和香港科技大学等在内的118个研究机构与大学加入了Coursera,与之携手共进。

图1–6　Coursera首页

3. edX

2001年,MIT与微软研究院合作OCW计划,将本校课程的课件公开放在网上供任何人取用,经过多年发展,MIT于2011年12月基于OCW进一步推出了在线学习计划,命名为MITx。MITx计划是通过数字技术来支持麻省理工学院的教学方法的探索,在麻省理工

图1–7　edX首页

学院的校园通过可伸缩的在线课程，提高校园以及全球的教育。[1]MITx是一个交互式学习平台，起初服务于本校学生，作为他们日常学习之外的补充。通过该平台，学生能够按照个人学习进度在线修习课程，包括学习课程材料、完成作业、交流讨论、获取课程成绩与证书。2012年5月，MITx与哈佛大学开放学习计划（Harvard Open Learning Initiative）共同成立了旨在以开放与免费的形式向大众提供优秀在线课程的平台——edX。edX的特点是沿袭了精英主义教育传统，在发展加盟组织成员方面采用少而精的精英路线。

以上三大MOOC教育平台被称作是美国MOOC的“三驾马车”。它们成立之后，便开始了各自的融资与扩张，尤其是作为营利性机构的Udacity和Coursera。平台上涉及诸多领域的MOOC课程也陆续上线。

表1–2　edX、Coursera和Udacity基本情况比较[2]

	edX	Coursera	Udacity
创始人	MIT与哈佛	斯坦福大学教授	斯坦福大学教授
公司性质	非营利性	营利性	营利性
成立时间	2012年5月（MITx：2011年12月）	2012年5月	2012年1月

1　王野.edX平台MOOC发展现状及特征研究[D].哈尔滨：哈尔滨师范大学：2015.
2　根据李曼丽，张羽，叶赋桂等在清华大学出版社2013年出版的《解码MOOC：大规模在线开放课程的教育学考察》改编。

（续表）

	edX	Coursera	Udacity
起源	基于MITx	斯坦福“机器学习”和“数据库入门”两门课	斯坦福“人工智能入门”
院校支持	MIT、哈佛、加州伯克利和德州大学系统等	斯坦福、普林斯顿、哥伦比亚、加州理工和多伦多大学等	圣荷西州立、乔治亚理工
用户数量	150万	500万	百万级
课程数量	近70门	400余门	约30门
学科数	20余个	20余个	5个
课程语言	英语、汉语	英语、西班牙语、法语、德语、意大利语、汉语等12种语言	英语

表1–3　国际主要MOOC平台一览表

名称	图标	国家	网址	简介
Udacity	UDACITY	美国	https://www.udacity.com/	由大卫·史蒂文森、迈克·索科尔斯基和塞巴斯汀·索恩创立，其目标在于使教育民主化。
Coursera	coursera	美国	https://www.coursera.org/	由斯坦福大学教授吴恩达和达芙妮·科勒创立。
edX	edX	美国	https://www.edX.org/	由麻省理工学院、哈佛大学、加州州立大学伯克莱分校领导的非营利组织，免费提供涵盖多个领域的大学课程给全世界人使用。
Futurelearn	Future Learn	英国	https://www.futurelearn.com/	由具有40年远程教育经验的英国公开大学创立，是第一个英国的MOOC平台，课程公开且免费。目前，除了与国际顶尖大学合作以外，Futurelearn的合作对象还包括许多知名的组织，例如大英博物馆、英国文化协会、大英图书馆、国家影视学院等。
iversity	iversity	德国	https://iversity.org/	是基于欧洲的在线教育平台，课程免费、公开，主要通过英语或者德语授课，也有其他语言授课。它是唯一提供与欧洲学分互认体系挂钩课程的MOOC平台。
WizIQ	WizIQ education.online	印度	http://www.wiziq.com/	一个专门用以制作线上课程的网站，网站资源包含视频软件、教材工具、课程安排工具等，使用者注册为网站会员后，可取得30日的免费试用服务。

（二）国内常用的MOOC平台

2013年是中国的MOOC元年，高校和互联网企业纷纷投入MOOC浪潮，进入在线教育产业，并开发出各种类型的MOOC平台。目前国内的MOOC平台中，最常用的有五个，分别是“学堂在线”“中国大学MOOC”“好大学在线”“智慧树”“超星慕课”，其平台的整体比较如表1–4所示。

表1–4　国内五大MOOC平台整体比较[1]

平台名称	课程			运营主体	开放范围
	数量	课程来源	课程形式		
学堂在线	240	清华大学	少量为清华大学学院提供学分	在线教育公司	面向公众
中国大学MOOC	488	高校联盟	仅为开课高校学生提供学分	教育出版公司与互联网公司联合	面向在校学生及公众
好大学在线	140	上海交通大学及各高校	所有课程均可向联盟高校提供学分	高校联盟	面向在校学生及公众
智慧树	72	社会团体	为合作高校学生提供学分	互联网公司	面向在校学生及公众
超星慕课	6 963	个体学者	不提供学分	数字资源提供商	面向公众

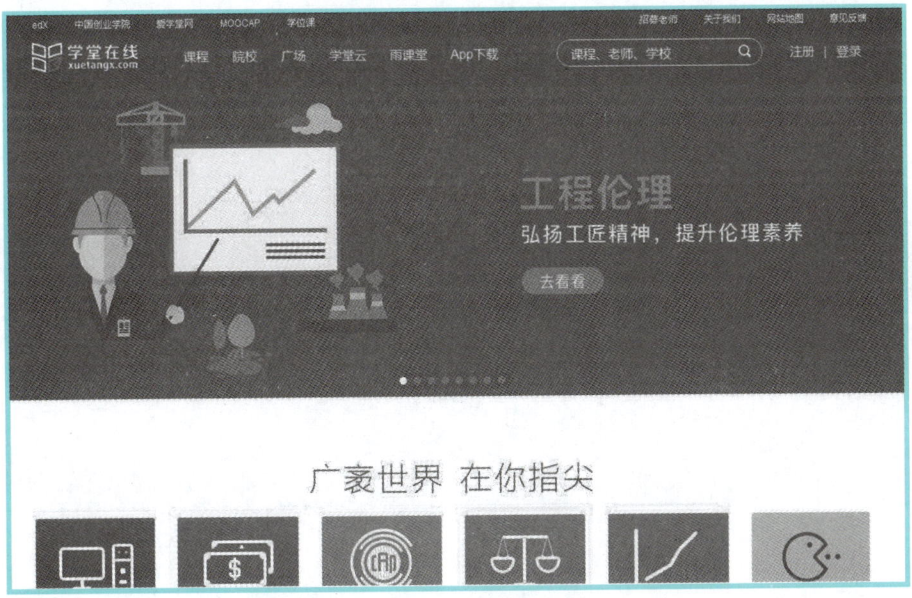

图1–8　学堂在线首页

1 毕巧春.学习者眼中的国内五大MOOC平台[J].中国教育网络，2015（10）.

2013年5月，清华大学、北京大学相继宣布加盟edX，北京大学则同时与edX和Coursera签订合作协议。同年10月，清华大学上线教育平台——“学堂在线”，以及海峡两岸的5所交通大学共同推出“ewant育网”开放教育平台。2015年5月上海交通大学上线中文MOOC平台“好大学在线”。越来越多的高校或高校联盟加入到在线教育的阵营中来。

此外，网络媒体也相继推出了在线学习平台，如网易视频公开课和网易云课堂、淘宝同学等，旨在将在线教育产业化并从中盈利。爱课程网与网易云课堂合作，推出“中国大学MOOC”平台；卓越睿新数码公司与东西部高校课程联盟合作，推出“智慧树”；在线数字资源提供商超星集团推出“超星慕课”。

第二节 国内基础教育 MOOC 兴起

MOOC 引发了高等教育的一场变革，它对基础教育的影响也正崭露头角。2008 年，哈佛大学商学院的克莱顿 · 克里斯坦森（Clayton Christensen）教授等人在《瓦解中的课堂：颠覆式创新如何改变世界的学习方式》一书中预测：到 2019 年，高中课程将会有 50% 在网络上进行[1]。近年来，慕课在 K–12 教育领域的发展显示出了旺盛的生命力，正在潜移默化地影响着教师的教学方式与学生的学习方式。本节主要分析我国基础教育开展 MOOC 的必然性、必要性，并介绍了国内外基础教育慕课平台。

一、国内基础教育 MOOC 流行的必然性

（一）网络发展

当前，互联网对人类的生活方式影响深远，成为人们获取资讯、传播思想文化的主要途径之一。2015年中国网民规模达6.88亿[2]，互联网的普及率为48.8%，移动智能技术发展迅猛，如图1–9所示，2013年和2014年中国移动智能

1 Clayton Christensen, Michael Horn & Curtis Johnson. Disrupting Class：How Disruptive Innovation Will Change The Way The World Learn. New York：The McGraw-hill Companies, 2008.

2 中国互联网络信息中心（CNNIC）.《中国互联网络发展状况统计报告》[EB/OL]. [2015–07–23]. http：//www.cnnic.cn/gywm/xwzx/rdxw/2015/201507/t20150723_52626.htm.

终端用户增幅分别为342.9%和231.7%。互联网对人们生活各个领域的影响越来越深。近年来，伴随着云计算、大数据等互联网技术的产生和发展，新一代信息技术“互联网+”应运而生。2014年4月，腾讯总裁马化腾在《人民日报》上第一次公开提出“互联网+”的概念，他认为“互联网+”是一个趋势，“+”的是传统的各行各业[1]。互联网颠覆了传统的行业运作模式，在教育、医疗、交通等公共服务领域架起了线上线下深度融合的桥梁，激发变革活力。

从网络教育到“互联网+教育”，教育迎来了一场更加深刻的变革，引起了世界各国的重视。“互联网+”让网络对教育的影响更加全面，整合了传统教育模式和网络教育模式，形成“互联网+教育”，正深刻地改变着教育的面貌，推动教育向数字化、网络化和智能化方向发展。“互联网+教育”不仅促进了技术的革新，更是对传统的学习、教学、组织模式的冲击及由此深层次地影响教育理念和体制。MOOC是“互联网+教育”的一个代表性产物，网络教育以及“互联网+教育”是MOOC产生的大背景，也是其流行的必要条件。

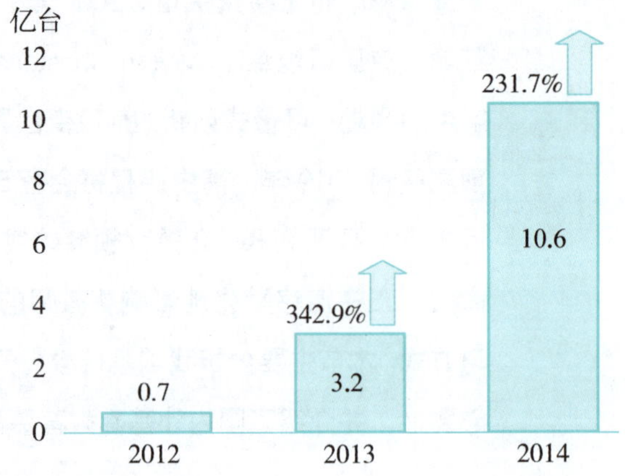

图1–9　2012—2014年中国移动智能终端用户规模[2]

（二）教育资源有限性

当前我国教育发展面临着教育机会均等与教育质量提升的双重重任。教育资源稀缺且分布不均衡，是制约当前教育发展的主要问题。虽然我国已经全面普及了免费的九年义务教育，适龄儿童人人有学上，但每个学生接受的义务教育的质量却参差不齐，优质的师资

1　乔杉.20年互联网带来的改变才刚开始[N].人民日报,2014–04–21.

2　Talking Data移动数据研究中心.《2014年移动互联网数据报告》[EB/OL].[2015–01–23]. http://www.askci.com/news/chanye/2015/01/23/104012ly9x.shtml.

等教育资源仍然稀缺。各地的办学水平和教育质量在区域之间、城乡之间、学校之间还存在明显差距[1]。

表 1–5　2007 年城乡义务教育阶段学校专任教师学历统计表[2]　　单位：%

		研究生毕业	本科毕业	专科毕业	高中毕业	高中以下
小学	全国	0.04	12.21	54.63	32.22	0.90
	城市	0.17	30.99	54.12	14.49	0.23
	县镇	0.03	13.84	62.00	23.75	0.38
	农村	0.01	6.59	51.92	40.19	1.29
初中	全国	0.31	46.95	49.92	2.75	0.68
	城市	1.03	70.93	27.07	0.94	0.03
	县镇	0.18	46.62	50.71	2.44	0.06
	农村	0.10	35.86	60.02	3.92	0.10

因此，优质教育资源共享的重要性更加凸显，我国的教育亟须提高优质资源利用率，促进优质资源共享工具的流行与发展。MOOC既有线上的视频教学和其他优质的教育资源，也有线下的师生互动、生生互动，兼顾了网络学习和传统课堂学习的优势，不仅能够在一定程度上保障教学质量，同时也可以使优质教育资源重复使用，实现资源共享，从而节省教育资源，使其价值最大化，是推动优质教育资源共享的有力工具。

（三）教学模式变革的需求

现代社会要求教育实现两大转变，一是应试教育向素质教育的转变；另一个就是学校教育向自我教育、终身教育的转变。传统教学显然难以适应这样的转变。在传统的教学方式中，单一的表现手法，填鸭式的灌输约束了学生的主观思维活动，并且对客观事物用单纯的语言解释往往不会达到理想的教学效果。此外，教师上课的内容、课件、教学大纲等教学资料的发布和整理，学生作业的布置、收发、批改以及成绩的评定都是局限于课堂上或是课后完成，学生学习新内容、作业提交、课程考核、师生交流沟通主要在课堂上完成。学习受到了时间和空间的限制，对教师和学生都存在着不方便性。然而，这类传统的教学模式仍然是世界各国主要的教学形式。

1　汤敏. 慕课革命：互联网如何变革教育[M]. 北京：中信出版社，2015：86.
2　教育部发展规划司. 中国教育统计年鉴2007[M]. 北京：人民教育出版社，2008.

网络的高速发展，加速了传统教学方式的变革，给传统的教学模式注入了新的血液。MOOC结合互联网、卫星通信、多媒体等多种先进技术，利用实时与非实时相结合的教学手段，创建了自主学习和可重复学习的开放式教学环境，有助于教学任务高效完成。MOOC采用多元化教学形式，通过多媒体手段来传递文字、图像、声音及视频等信息，将真实世界与虚拟现实相结合，加速了学生对知识点的理解，帮助其提高学习效率。

二、中学开展MOOC的必要性

MOOC与传统的课堂教学相比存在一定的优势，能够在一定程度上弥补中学教育教学的不足，将其引入中学教育有助于发挥“鲶鱼效应”，激发中学变革与创新的活力。

（一）形式多样，可促使中学教育从单一走向多元

1. 教学模式：以教师为中心vs以学生为中心

长期以来，以教师为中心的课堂教学占据主体地位，单向知识传授成为多数学校教师的最佳选择。标准化的课堂、统一的考试、统一的答案几乎是所有学校的共同特点，传统学校教育像是以工业流水线的方式制造考生。不仅如此，绝大多数的教师由于时间、精力、能力等多种原因，通常是“抓两头，带中间”，造成好学生“吃不饱”，弱一些的学生跟不上，很多学生的疑惑与问题，都无法一一解答。然而，每一个学生都是有差异的个体，同一个班级的学生在思维水平、智力水平、理解力、个性特征等方面都不相同，以教师为中心的教学模式使这些千差万别的学生坐在同一间教室里，在同一段时间内听同一个老师教授相同的课程内容，这显然难以满足学生差异化的需求，将最终导致学生缺乏独立、自主的思维和判断能力。

在MOOC学习中，教师虽仍然扮演知识传授者的角色，但更加注重学生的主体性。通过MOOC中的论坛，学生与教师可以双向互动，当学生有问题、出现疑虑和不懂的地方，教师、助教、同伴能够随时回答，意见不一致时也可以讨论，启发灵感。由于MOOC形式多样，不同水平的学生可以选择适合自己难度的课程内容、习题，学习更有针对性，可以在一定程度上满足教育需求差异化、个性化。

2. 课程内容：单一性vs多样性

中学课程设置较为单一，主要集中于文理科的主要学科上，国家规定的选修课开设很

少考虑学生个人兴趣，其课程内容也绝大部分是为了中考和高考服务。地方教育行政部门出于教育质量的考虑，会统一要求学校开设指定课程，使用指定教材，这也无疑加重了课程设置的僵化状态。虽然近年来，校本课程建设越来越得到学校的重视，但总体来说中学校本课程比较薄弱，有些学校甚至没有校本课程。

从长远来看，考试并不是青少年学习的唯一目的，单一的课程难以满足学生未来成长与发展的需求。不仅如此，大量的校本课程开发也会为学校带来一定的负担，有些相对薄弱的学校甚至没有能力开设校本课程。在这种情况下，MOOC平台上大量优质的课程资源可以丰富当前单一的中学课程，能推动中学课程设置从单一走向多元，促进中学多样化发展，拓展学生的视野和知识面。

3. 师资队伍：同质化 vs 跨文化

普通初、高中教师队伍同质化较为严重，教师的个性发展受到抑制。现在的教师本来就是同质化教育的产物，又经历着同质化教学实践的熏陶，所以其教学方式、教学理念都更加传统，创新不足。同时，在较为统一的学校管理体制下，学校评价机制、激励机制使得教师的个性受到一定程度的压制。除此以外，应试教育下学生评价标准更多注重成绩而忽视个人能力，地方政府则习惯用升学率作为评价学校办学的标准，这些问题都迫使教师选择以考试为中心的教学方式，阻碍素质教育的实施。

互联网的发展让时间和空间的限制不再难以跨越，学生通过MOOC可以接触到来自世界各地的优秀老师，这些教师有着不同的文化背景、思维方式、授课风格，学生接触到这样多元的师资，能缓解当前师资同质化的负面影响。

（二）强调自主、探究和协作学习，促进学习方式多元化

中学课堂是统一内容、统一步调、统一检测，学生的学习路径是相同的，呈线性。MOOC属于贯通式学习，以学习者为中心，可以自我选择内容和速度，并且教与学实时交互，注重创造与分享，不像传统课堂教学的单向信息传递和传播，而是充分和及时的“互动”与“反馈”，已是从低阶认识的记忆、理解、应用，到高阶认知分析、评价和创造，促进了学习方式多元化。

当前，MOOC教学并没有在中学阶段充分展开，在已有的MOOC平台中，虽然学习者辍学率高、完成率低，但并不代表MOOC没有意义和价值。由于MOOC门槛较低，一些学习者只是想试听一下，看是否感兴趣。反之，传统的课堂，低辍学率、高完成率也未必意味着高效学习，学生一样会在课堂走神、睡觉、玩手机。

（三）在线学习有助于利用大数据

学生通过MOOC学习，会在网络上留下学习轨迹，有利于大数据的形成。对教师而言，大数据能够对学生做出整体而又系统的分析，从而为因材施教提供依据。对于学生而言，大数据能够帮助他了解自己，并获得系统推送的学习资源，有利于实现自适应学习。

（四）大规模和开放性的特点有助于优化教育资源配置，促进教育公平

从人类的文明进程来看，实现教育公平一直是每一代人努力的方向，知识传播载体的进化是重要的推动力。印刷术让只有贵族能够获得的少量简牍、羊皮卷转变为成本相对低廉的纸本书籍，20世纪50年代平装书革命又进一步降低了获取书籍的成本。在信息时代，文字以更加生动的形式通过互联网快速传播，取代了部分以纸本为载体的知识传播方式，不仅提高了知识生成与传播的速度，也降低了人们获取知识和信息的成本。MOOC就是信息时代的代表性产物，它在一定程度上颠覆了精英教育的理念，将优质教育资源送到世界各地，提高薄弱地区的学习质量，大大降低了学习者受教育的成本，推动教育走向平民化。

现在美国的MOOC是精英教育，以哈佛、耶鲁、普林斯顿的教授线上面授为主。中国真正需要解决的是大众化教育问题，特别是中小学教育的不均衡问题。多年来中国政府十分重视教育信息化，在很多偏远山区接入互联网等，做了很多实际工作，就是想把优质的教育资源传输到相对偏远落后地区。MOOC可以充分发挥其“大规模”“开放性”的特点，强调资源共享以及名师名校的社会责任担当，将优质资源辐射到全国各省市、区县和学校，以助力实现教育均衡。不仅如此，在中学阶段开展MOOC还可以促进教师培训，如果能够充分发挥MOOC的作用，开展规模较大且成系统的开放式教育培训服务，则不仅仅是“授之以鱼”，更是“授之以渔”，从根本上解决国内基础教育资源不均衡问题，促进教育公平。

（五）中学生具备完成MOOC学习的能力

随着身体的发育和社会实践活动的增加，中学生正处于从不成熟向逐渐成熟的过渡阶段，学习具有一定的目的性与自觉性，思维也相对独立，在一定程度上能够保证中学生有能力完成MOOC自主学习。不仅如此，中学生甚至更加倾向于这类在线的学习形式。MOOC可以为他们提供更多的教育资源，更新颖的学习形式，不仅能帮助学生更有效率地完成中学课纲规定内容的学习，还使得大量拓展性课程资源触手可及，既开阔了学生视野，又可以启发他们未来的专业选择。另外，中学生是伴随着互联网成长起来的“互联网二代”，他们对于各种网络上的新鲜事物具有好奇心，并且能够得心应手地运用各种电子产品。而

MOOC是互联网、信息技术发展的产物，在知识传授的基础上强调实时与互动，学习不再刻板，学生不会被要求在固定的时间、地点出现，随时随地的微学习也可以通过MOOC实现。这种限制少、自由度高的学习形态对于年轻人更具吸引力。

综上所述，MOOC与现有的中学课堂教学相比较具备五个优势，不仅是学生的福音，同时也能够为教师教学提供帮助。对于教师而言，MOOC有助于教师完成教育目标，实现教育理想。一方面，教师若结合MOOC进行教学，可通过互动与测试掌握学生学习情况，有针对性地调整教学方式和计划；另一方面，学生的作业布置更加科学合理，学生通过MOOC进行预习、复习、拓展学习，从而能够提高知识吸收率。不仅如此，教师同样能以学生身份通过MOOC实现自身专业发展。因此，不管是对于教师、学生还是对整个中学阶段的教育教学，MOOC都能够以它与生俱来的优势发挥正面的作用，具有积极的意义。当然，我们必须明白一点，MOOC不是万能解药，解决不了教育教学所有难题，但不可否认的是MOOC能够为传统的中学课堂教学注入一剂新鲜的血液，对促进教育多样化，启发教学观念转变具有重要作用。

三、基础教育MOOC平台

从目前的发展情况来看，MOOC主要通过两种方式对基础教育产生影响，分别为促进“翻转课堂教学模式”的转变和“优质教育资源”的共享。

MOOC翻转课堂教学模式促进了基础教育教学模式转变。翻转课堂的教学模式是指重新调整课堂内外的时间，使学生及其学习居于课堂教学的中心位置，在这种教学模式下，学生能够获得更多的课堂时间与教师互动，教师不再占用大量课堂时间来讲授知识，其中更多的信息需要学生在课后自主学习[1]。当前翻转课堂主要有三种模式，分别是双主模式翻转课堂、微课翻转课堂和MOOC翻转课堂。双主模式翻转课堂指课前教师通过学习管理平台进行资源共享，教师结合课堂教学发挥在学生学习过程中的主导作用，学生是主体，“双主”指教师的主导地位和学生的主体地位。在微课翻转课堂模式中，教师设计、开发教育视频资源，并辅以其他必要的资源，例如教学课件、其他网络资源等，以方便学生在课前对相应的知识点有一定的理解和掌握，教师课中则有更多的时间有针对性地与学生互动。MOOC翻转课堂模式是微课翻转课堂的进一步发展，“MOOC平台中的主要元素是有组织

1 张铁道，殷丙山，蒋明蓉.《新媒体联盟地平线报告（2014高等教育版）》发布[EB/OL]. http://www.ict.edu.cn/world/w3/n20140725_15789.shtml.

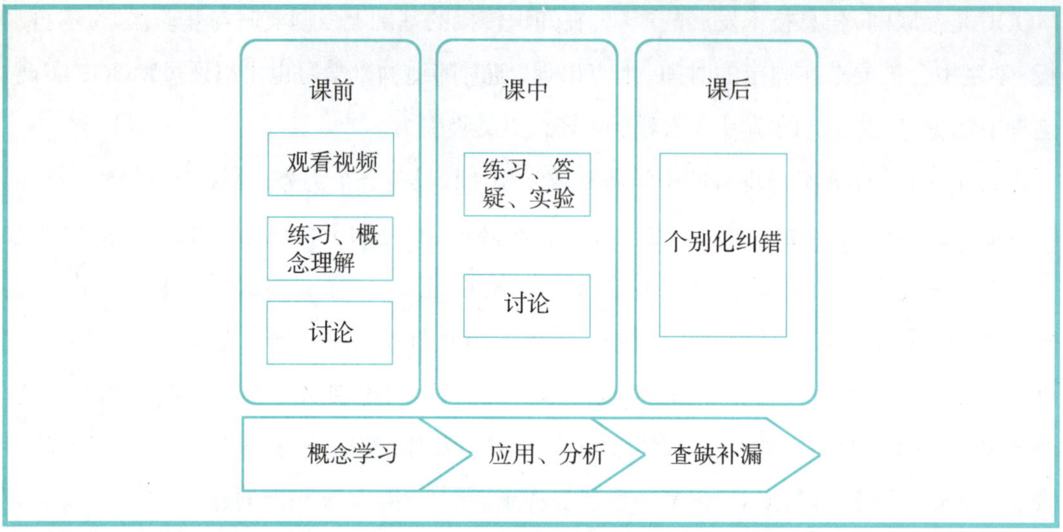

图 1-10 翻转课堂教学模式

的微课，并配以小测试和实时解答，在系统完善性方面体现了 MOOC 的特征”[1]。

在实践中比较常见的翻转课堂模式是微课翻转课堂，随着 MOOC 浪潮席卷全球，MOOC 翻转课堂模式的比较优势也逐渐明朗，不仅得到了教育专家的认可，也在实践中逐渐兴起并取得了一些进展。相比较而言，微课由于其自身的非系统性和非结构化以及评价的不完整性，会影响学生学习效果，MOOC 作为一种较为系统和成熟的资源框架，整合微课资源，将能更好地支持翻转课堂[2]。国内对于 MOOC 翻转课堂也有很多尝试。2013 年华东师范大学 MOOC 中心和全国 20 余所知名高中共同成立了“C20 慕课联盟”（C 表示 China，20 代表首批 20 所盟校），该组织旨在探索 MOOC 翻转课堂教学模式，并推动 MOOC 在 K−12 教育领域的发展，成立不到一年盟校已经从原来的 20 所扩展到上百所，影响力不断增强。对基础教育而言，MOOC 已成为教学改革的重要内容，它不仅仅是向翻转课堂教学模式转变的助推器，它的影响正在逐渐深化，类似于 Coursera、Udacity、edX 的基础教育 MOOC 平台也正在兴起。

图 1-11 华东师范大学“C20 慕课联盟”图标

1 易庆竑. 基于慕课的翻转课堂及其教学结构研究[J]. 现代教育技术,2015(4).
2 易庆竑. 基于慕课的翻转课堂及其教学结构研究[J]. 现代教育技术,2015(4).

（一）可汗学院

可汗学院（Khan-Academy）由毕业于麻省理工学院及哈佛大学的孟加拉裔美国人萨尔曼·可汗（Salman Khan）于2007年创立，是一个非营利性的基础教育MOOC平台。可汗学院主要通过网络对14岁至18岁的中学生提供约10分钟的视频课程，内容涵盖了数学、历史、物理、化学、生物、天文学、经济学、计算机科学等。课程视频的内容由易到难，教师本人不出现在视频中，所有的课程内容由电子黑板显示。可汗学院还设置了其他功能辅助教学，例如练习系统和评价功能。练习系统可以记录学生对每一个问题的完整练习记录，教师通过记录可以了解学生对知识点的掌握程度，从而有助于改进教学。评价功能主要包括评分、同学互评、自我审视、数据报告以及学生跟踪等。可汗学院的下一个目标是，在未来5年内制作出从幼儿园到高中的所有课程以及部分大学课程。

可汗学院是目前最成熟的基础教育MOOC平台。在美国，某些学校已经采用“回家看可汗学院影片”来代替家庭作业，上课时则安排做练习、再由老师或已懂的同学去教导其他同学这样的教学模式[1]。

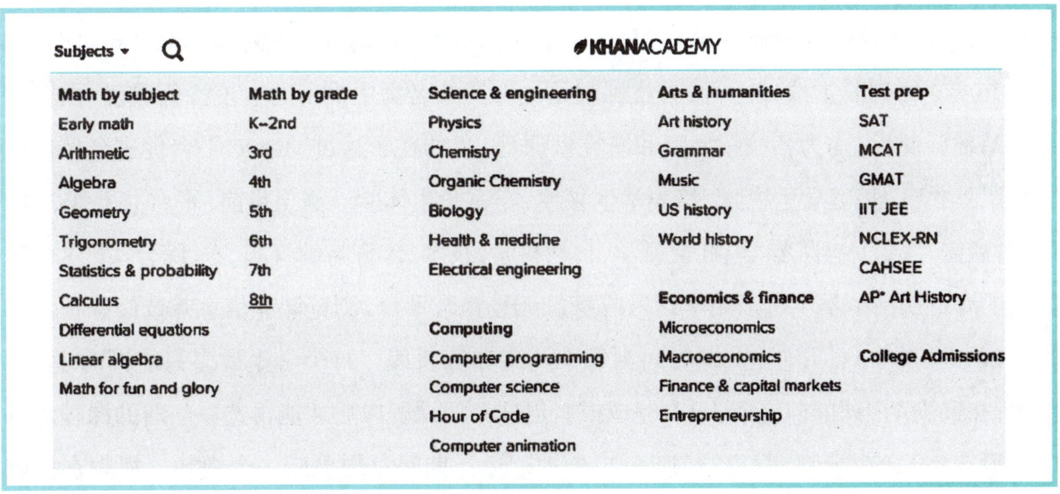

图1–12　可汗学院首页显示的学科选择

（二）上海市高中名校MOOC平台

截至目前，国内尚未出现类似于可汗学院一样系统地提供K–12基础课程的MOOC平台。但是，MOOC在促进基础教育优质资源推广方面发挥了作用，相关MOOC平台也已经

1　李曼丽，张羽，叶赋桂等.解码MOOC：大规模在线开放课程的教育学考察[M].北京：清华大学出版社，2013：70–71.

图1–13　上海市高中名校慕课平台首页

上线，最具代表性的是上海市高中名校慕课平台。

上海市高中名校慕课平台于2015年3月启动建设，由上海市教育委员会牵头与上海中学、华东师范大学第二附属中学、复旦大学附属中学、上海交通大学附属中学共同建设，并于2016年2月17日上线试运行，首批课程是这四所知名高中推出的本校特色课程，内容不涉及基础型课程，均为各校拓展型和研究型课程，目的在于通过MOOC平台促进名校优质特色课程共享，拓宽学生视野、培养学生兴趣、丰富学生体验。截至目前，平台共上线21门课程，涵盖了语言文学、数学、社会科学、自然科学、技术、体育与健身、艺术、综合实践8个领域。上海市初高中学生可以用学籍号或身份证号登录平台，浏览课程信息并选修课程。课程在2016年3月5日开放，上课时间为每个周末和寒暑假。每个学生最多只能同时学习4门课，在选满4门课的前提下，只有完成或者退选一门课程以后才能再选一门新的课程。每门课程有8—10个视频，每个视频8—20分钟。运行期间每周更新一个视频。视频在播放的过程中设置了问答以了解学生的学习进度，学生若不能及时参与，视频将不能继续播放。学生可以在讨论区研讨，主讲老师或助教参与引导和答疑。学生按照要求完成课程学习则可以获得开课学校认证的并有授课教师签名的电子证书。

2016年6月，上海市教育委员会印发《上海市教育委员会关于进一步做好本市高中名校慕课建设工作的通知》加速了平台建设进展，课程队伍将从上海“四大名校”扩展至全市所有试验性示范性高中和部分特色高中。上海市高中名校慕课平台致力于形成优质、特色、多样的拓展型和研究型课程资源平台。

图1–14　首批参与上海市高中名校MOOC平台建设的学校

MOOC是在高等教育领域诞生和发展的，它在基础教育领域的发展尚未完全展开，其影响力也不及高等教育。但是，MOOC对于弥补传统基础教育课堂教育的不足具有重要意义，为基础教育模式变革带来了前所未有的契机。

第三节 MOOC引发的学习革命

MOOC大规模、开放性、便捷、学习成本低廉的特性吸引了大批学生，它整合了各种信息技术，将优质的教育资源跨越国界与人共享，为广大学生开拓了更加广阔的学习空间。本节主要从教学过程、学习模式、教师专业发展以及MOOC对教育培训市场的影响这四个方面展开，描述当前MOOC所引发的学习革命。

一、MOOC颠覆了传统的教学过程

（一）MOOC的教学模型及过程

MOOC的教学模型主要可分为三类，即cMOOC、xMOOC与tMOOC[1]，其中前两类运用的范围更广。

cMOOC的理论基础来自连通主义理论和建构主义理论。连通主义打破了学习发生在学生个体的内部这一局限性，通过不断的优化学生自身的内外知识网络，达到与时俱进，与新环境共存，连通能让我们学习得更多。学习可以被放在专业知识的连接上。建构主义主张学生要从知识的被动接受者到主动构建者，人们对客观世界的理解会因认知的视角不同而不同，因此教师不是主导者

1 祝智庭.MOOC为传统教育敲响警钟[DB/OL]. [2013-10-17]. http: //www.edu.cn/gd_6534/20131017/t20131017_1028923.shtml.

而应是发起、引导和组织者，学生也需要有较高的学习自觉性。在这种理论背景下体现的cMOOC具体表现在发挥学生主观能动性方面。在浏览学习过教师发布在开放资源平台的话题后，学生围绕这一主题进行研讨，准备话题相关资源，并呈现收集成果(如PPT、视频、音频内容等)上传学习平台同老师以及与其他学生交流，以形成动态的学习网络，达到知识的建构。这一教学模型也是乔治·西蒙斯主张的MOOC类型。

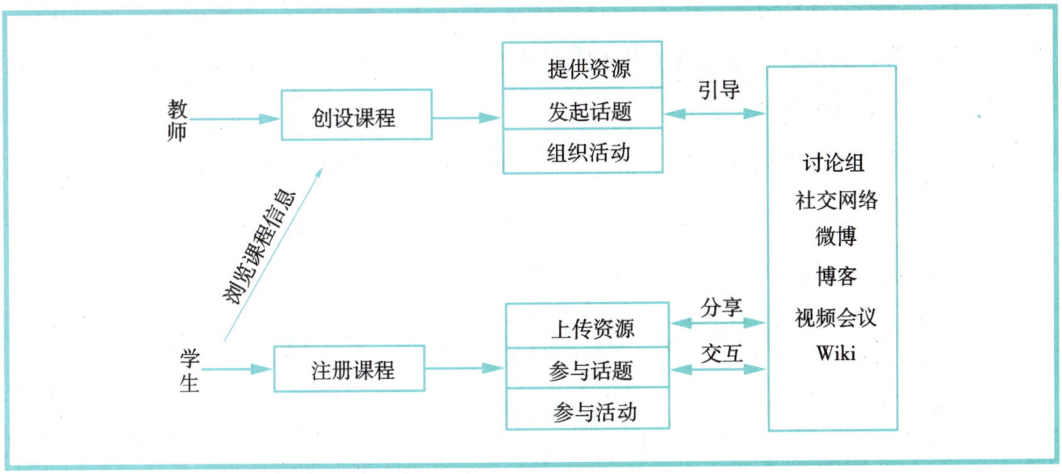

图 1-15　cMOOC课程模式[1]

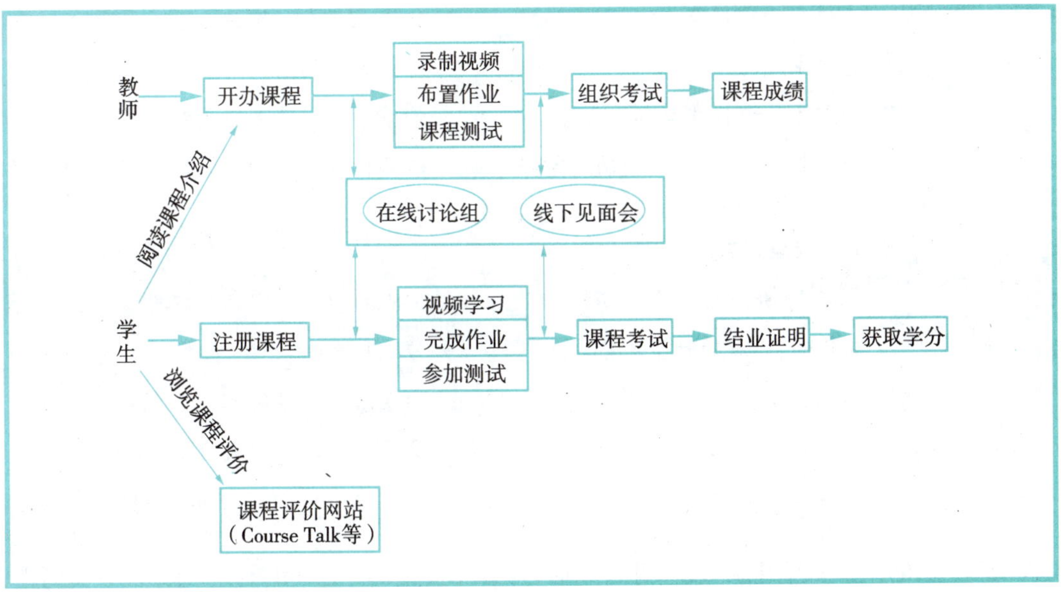

图 1-16　xMOOC课程模式[2]

1 王萍.大规模在线开放课程的新发展与应用：从cMOOC到xMOOC[J].现代远程教育研究，2013(3)：13-19.
2 王萍.大规模在线开放课程的新发展与应用：从cMOOC到xMOOC[J].现代远程教育研究，2013(3)：13-19.

xMOOC是建立在布鲁姆的掌握学习、行为主义程序教学和建构主义的理论之上。这一教学模型同以往网络远程教学类似，过程为准备教学、组织教学、考试评价。教师在上课前把教学大纲和进度发布在学习管理平台，并提前为MOOC准备好课程视频。学生选择注册课程后，应根据课程进度安排好学习时间。学生通过观看课程视频学习，MOOC的视频发布周期通常以周为单位，视频也控制得短小精悍，学生通过观看视频学习课程。每个课程视频都会伴随着小测验，并需要完成教师布置的作业。学习测评主要包括在线测评、同学互助和编程练习。目前，xMOOC模型使用最广泛，三大MOOC平台（Coursera、Udacity、edX）均属于xMOOC模型。

tMOOC采取基于任务的学习方式。例如，在新媒体传播课程中，要求学生利用工具独立编写一些数字故事，然后在网上提交作品，期间，教师仅起到指点的作用[1]。相较于cMOOC和xMOOC而言，这类MOOC教学模型的应用比较少。

表1–6　cMOOC模式和xMOOC模式比较[2]

	cMOOC	xMOOC
时间	2008年至今	2011年至今
典型项目	CCK08，DS106，eduMOOC，MobiMOOC	Udacity,Coursera,edX,U2
理论支持	连通主义学习理论	行为主义学习理论
模式特征	基于主题的 侧重于知识构建与创造 强调创造、自治和社会网络学习	基于内容的 侧重于知识传播与复制 强调视频、作业和测试等学习方式
课程结构	以学习内容为起点，学生通过资源共享与交互扩展学习	传统的课程结构与教学流程
教学内容	分布式、开放性的内容安排	常规的学习内容结构安排
师生关系	变化的、开放的师生关系	传统师生关系
学习目标	学生共享、创作知识	学生掌握学习内容
课外讨论	分布式、多种社交媒体支持	基于课程的集中式论坛，线下见面会
测试与评估	教师综合评估	基于软件的测试，自我评判，学生互评

综上，MOOC的教学操作过程可以概括为：① 明确教学目标和课程要求；② 课程主题的学习；③ 提交作业；④ 学习测评。

1　祝智庭.MOOC为传统教育敲响警钟[DB/OL]. [2013–10–17]. http：//www.edu.cn/gd_6534/20131017/t20131017_1028923.shtml.

2　王萍.大规模在线开放课程的新发展与应用：从cMOOC到xMOOC[J].现代远程教育研究,2013（3）：13–19.

（二）MOOC与传统教学的对比

以学校为基本组织形式的传统教学经过多年所形成的体系呈现出几个特点。第一，知识体系相对固化与垄断、理论性强、更新慢且实践弱；第二，教学组织形式由学校和教师安排好，以专业与学科为中心进行，学生按部就班学习，选择余地少；第三，知识传播渠道单一，课堂交流少；第四，考核与评价方式在有教师为主导的评价体系下只能覆盖小范围的考察；第五，师生交流渠道较少，导致教学反馈不及时；第六，学生学习由学校安排好的内容，学生的优胜劣汰主要通过纸笔测试的方式筛选。

MOOC的产生和发展展现出的区别于传统教学的特点使得其对传统教学产生了巨大的冲击，传统教育中的教学模式等方面受到了严峻的挑战。

在知识体系上，相较于传统教育体系，MOOC的知识体系不仅仅可以来自学校，还可以来自企业，知识与时俱进，理论与实践的结合使得知识来源丰富是MOOC的一大特点。

在教学组织上，以学生为中心进行，为了让学生更容易理解课程内容，更加注重每堂课程的设计，学生还可以根据自己的兴趣选择学习的内容和方式，体现个性化学习。

在知识的传播渠道上，充分利用网络资源，如互联网社区、交际软件，让知识传播能覆盖到更广泛的人群。

在考核方式上，MOOC主要通过课堂即时测试、每周作业和最终考核三种形式，而机器批改选择题和作业互评，教师辅导，学生互相学习是其实现方式。

在教学的反馈上，MOOC借助计算机技术对于学生提交的情况进行评定与追踪，及时反馈学习情况，以调整课程内容。

MOOC对学生的选择不拘泥于身份背景，只要是对课程和学习感兴趣的人都能成为MOOC学生，相比传统学生，他们展现出更高的学习积极性与目的性。可以说，MOOC的出现给教育公平理念的实现创造了条件。现代教育存在教育资源不均衡分布的情况，这种不均衡导致国与国、地区与地区之间差异增大，有许多人因此失去继续深造的机会，而MOOC让有志于继续学习却因种种原因不能接受传统学校教育的人能够继续学习下去，有望成为有效解决教育资源分配不均衡的方法之一。

鉴于以上MOOC的种种区别于传统教育的特点，它引起世界传统教育界的热烈讨论，对于MOOC所给传统教育带来的冲击进行了多方面探讨，并据此对教学模式进行调整，以适应MOOC给传统教育带来的变化。但我们也应看到，传统教育有其存在的必要性和优势所在，因此促进传统教育和MOOC的优势互补，未尝不是一种双赢的结果。

（三）MOOC与自主学习

自主学习是相对于传统的接受学习而言的一种学习方式，即学生自身作为学习的主体，通过学生独立分析、探索、研究来学习知识内容的行为。学生自主学习能力的培养是现代教育中十分强调的一点，对于学生本身而言也促进着未来发展的关键能力。在知识更新换代频繁的今天，拥有快速更新自身知识的能力才能适应社会的发展节奏。在这里需要明确自主学习内涵层次的几个问题：① 为什么学；② 如何学；③ 学什么；④ 何时学；⑤ 在哪里学；⑥ 学得怎么样[1]。

结合自主学习的内涵，MOOC的学生在选择课程时应有明确的自我动机（为什么学）；跟随MOOC课程要求学习（如何学）；根据兴趣和需要选择需要学习的课程（学什么）；根据MOOC老师的教学安排进行学习（何时学）；MOOC打破传统学习环境的壁垒，扩展到任何一个可以学习的场所（在哪里学）；最后通过多种方式评定学习成果（学得怎么样）。

美国国家培训实验室的一项研究结果显示，主动学习比被动学习的学习内容平均留存率更高，如图1–17所示，学生更加能够从讨论、实践、教授他人等主动学习过程中吸收更多的知识。

由于MOOC打破了传统教育的种种壁垒，将更多的自由赋予学生，因此要求学生必须具备较高的主动性。MOOC的教学模型与自主学习的过程要求是非常契合的，对于学生自

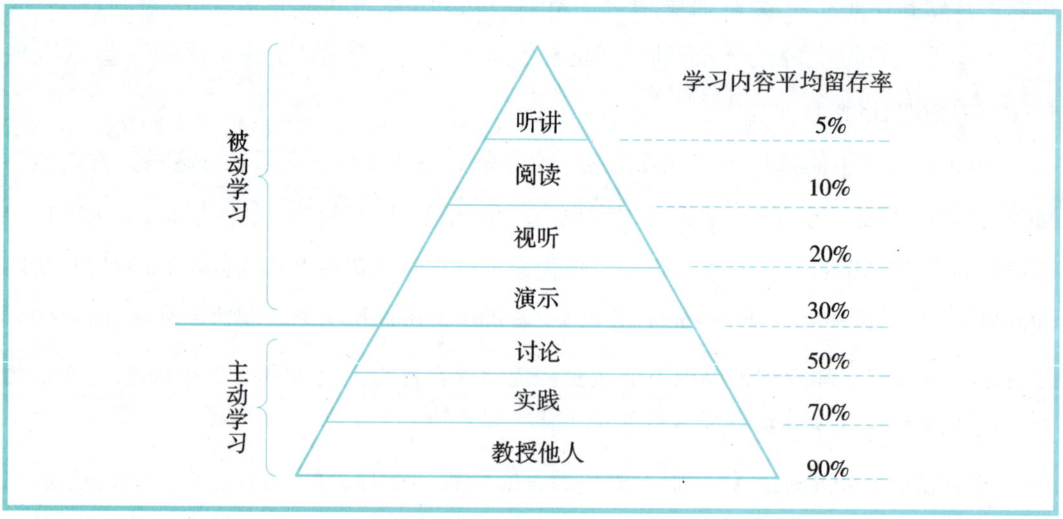

图1–17　学习金字塔[2]

1 刘畅.学生自主学习探析[J].教育研究,2014(7)：131–135.
2 Simon Polovina. About the Learning Pyramid[EB/OL]. [2011–03–11]. http：//homepages.gold.ac.uk/polovina/learn-pyramid/about. htm.

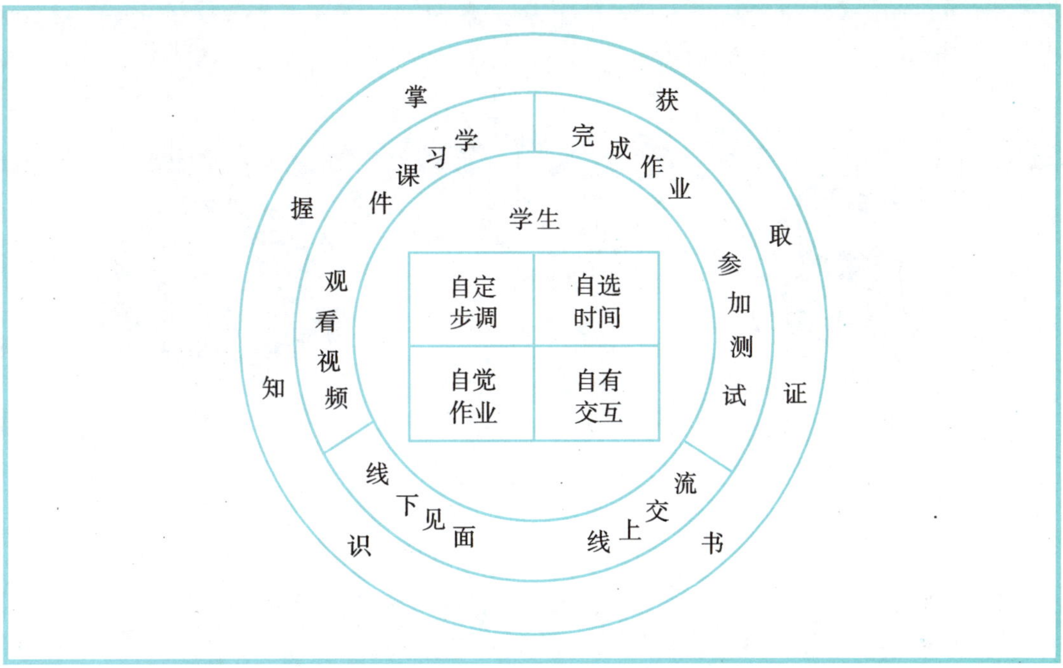

图1-18　基于xMOOC的自主学习模式[1]

主学习习惯的培养起到促进作用。例如，在xMOOC学习模式中，学生自己定学习步调、自选学习时间、自主进行学习交互、自觉完成作业，学习主要由内在驱动，作业、测试、线上交流、线下见面、观看视频、学习课件等所有的学习都是由学生自主完成，这与传统教学中按部就班的课堂学习相比，优势更加明显。

（四）MOOC与认知科学

认知科学是20世纪兴起的研究人类认识的本质和规律的前沿研究学科。它的研究范围包括知觉、注意、记忆、动作、语言、推理、思考乃至意识在内的各个层次和方面的人类的认知活动[2]。

认知科学的研究成果对于教育教学有十分重要的启示作用，同样也适用于MOOC，只有清楚学生的认知规律，才能有效地设计和进行教学活动，这需要教育者们不断学习和汲取先进研究成果，与时俱进提升自身科学素养。MOOC是认知科学思想在教育教学实践活动的体现。教师们可根据认知科学成果组织课堂、通过原有知识和教育目标建立联系激发学生学习兴趣、从多重感官刺激调动学生更多参与学习活动，把握教学的节奏并由此在适

1　王萍.大规模在线开放课程的新发展与应用：从cMOOC到xMOOC[J].现代远程教育研究,2013(3)：13-19.
2　冯康.认知科学的发展及研究方向[J].计算机工程与科学,2014(5)：906-916.

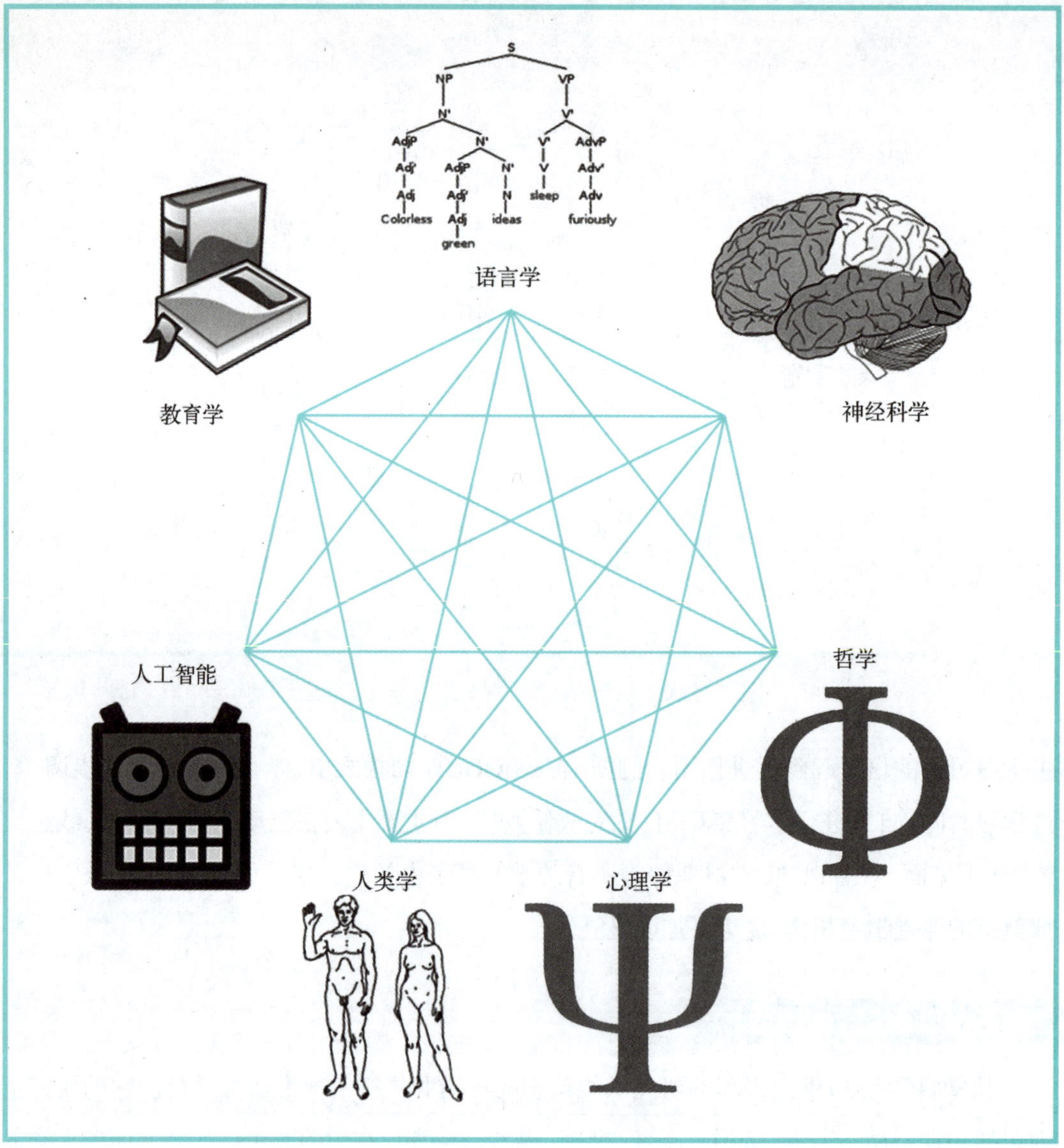

图1–19　认知科学[1]

当时候给予学生反馈，提高教学效率等。

（五）MOOC网络资源的共享

MOOC的核心理念便是共享与开放，在MOOC平台上的课程内容对所有能应用网络的用户都是开放的，对用户在MOOC课程的学习而产生的研究，无论是关于教师还是学生，也可以开放、共享。也就是说，学生可用于参与研究，同时也能被研究。这些体现着连通主

1　https：//upload.wikimedia.org/wikipedia/commons/b/b7/Cognitive_science_heptagram.svg.

图 1–20　网络资源共享

义理论的影响。在MOOC的教学环境中，来自世界各地的只要有分享精神的参与者们，都可以共享他们的网络资源。

通常来说，高校与企业在MOOC平台上发布课程内容，吸引人们注册学习。对外推广宣传也与其他网络资源的利用息息相关，如社交网络专题式或转发式传播等，各种渠道拓宽MOOC网络资源的关注度，让热爱学习的公众们参与进来，为学习型社会创建助力支持。

二、MOOC引发的学习革命

（一）学习理论的变化

传统学习主要受行为主义学习理论、认知主义学习理论的指导，而MOOC的指导理论涵盖新兴的连通主义理论、建构主义理论，学习由被动的接受变为主动的掌握过程，也是个性化学习的体现。

（二）学习内容的变化

传统学习的内容是由所处的学校环境所决定的，课程设置循规蹈矩，学生按部就班地完成学习，此过程中是忽视学生是否对此知识感兴趣，学生对于学习的内容是完成任务式的被动接受。MOOC的学习内容从学生的兴趣和要求出发，课程内容多种多样，让学生有大量选择的余地。

（三）学习方式的变化

传统学习的方式是在某个固定的地点（如教室）、书是媒介、教师讲授，班级同伴讨论，总体呈现固化和封闭。而MOOC把学习的地点变得灵活多样，只要能上网的地方，都能够学习，通过视频的学习，可反复钻研视频内容，与同伴交流也是在线的方式，学习内容和成果都是开放的，总体呈现开放状态。

（四）学习费用的变化

传统学习需要交纳不菲的学费，而MOOC的学习费用低，有的甚至是免费的，这对于推广教育到不发达地区和促进教育公平都大有助益。

综上所述，MOOC带来的学习的变化主要体现在由学生被动到主动，发挥主观能动性的过程。

三、MOOC重塑教师培养和专业发展模式

MOOC的产生和发展对教师们带来丰富和优质的教育资源的同时，也对教师自身的专业素质提出了更高的要求，给教师的培养和教师专业发展提出了一系列的挑战。

（一）MOOC给教师们带来的机遇

MOOC教育资源的开放性和课程内容的多样性给教师提供了提升自身专业素质的平台。打破身份的限制，教师可还原为学生的身份，从MOOC平台内容众多的课程中结合自身经验重新学习，充实知识储备量。与此同时，教师通过观摩MOOC课程中教师的教学设计、语言组织，观察学生表现，体验式的学习和反思自身教学能力，促进自身专业技能的提高。

教师不仅作为学生参与MOOC，MOOC同样也为教师带来展现实力与才华的机会，参与其中的过程，也是教师提升信息时代信息素养与专业能力的重要途径。

（二）MOOC给教师们带来的挑战

首先在于师生关系中教师角色的弱化，不再是专家和权威，而是让学生做知识的主动

建构者，教师的角色在于辅助。其次在于由独立操作向团队合作转变，MOOC课程的整个过程的工作量需要教师组建团队以帮助学生更好的个性化学习。第三在于要求教师成为兼具学术能力与专业技能的复合型人才，在MOOC环境下，教学和学习环境的复杂性要求教师能够游刃有余的将技术与学术相结合，开发更多课程。

（三）教师培养与专业发展如何与MOOC相结合

面对MOOC的机遇与挑战，教育界应与时俱进，调整教师培养和专业发展模式，积极面对MOOC时代的来临。

1. 借助MOOC平台，调整培训内容，创新考核方式

以MOOC平台上的课程作为教师培养和专业发展的课程之一，抓住MOOC带来的教师发展机遇，学习和总结他人经验，丰富自身专业素养。同时，鼓励教师能对课程内容有自主选择权，提升学习积极性以及开发MOOC课程。

MOOC平台中对于课程学生的学分获取、证书证明等考核方式也可引入教师专业发展评价体系中，并给予有志取得证书的教师物质支持。

2. 加快转变教师的教育教学理念与角色转变

调整传统教育中的老旧观念，树立以学生为中心，促进个性化学习的教育教学理念，关注不同学生的学习需求，从“掌控者”转变为“引导者”，成为专业领域内具有丰富经验的专家。

积极推动教师间团队合作和主题研讨活动，充分吸收不同背景的专业人才，培养教师适应MOOC课程开发的能力，提高MOOC开发质量。

3. 加强教师自身学习意识，与时俱进增进信息素养

为了在MOOC平台与大数据时代的背景下充分促进学生的学习和促进教师专业发展，教师本身应当有积极学习的态度，尤其是信息技术，有助于帮助教师对网络平台下学生反馈的分析，同时为了在MOOC平台上开发课程和不至于被MOOC课程的蓬勃发展淘汰，教师应提高主观能动性，主动寻求提升教育教学能力，积极参与专业发展活动。

四、MOOC冲击教育培训市场

（一）教育培训市场概况

教育培训一般指的是区分于学校教育的培训，作为正规教育的有力补充和延伸，具备

针对性强、目的性强、时间短等特点，起到辅助学习、培养知识与技能的作用。教育培训的主体由教育培训机构担任，培训内容从正规教育的课外补习辅导到劳动者工作内容培训。

以我国教育培训市场为例，非学历性教育使得学生自主选择性强，因此培训形式多样、机构众多，教育培训机构的供求关系和培训内容受市场制约，发展迅速，竞争激烈，能够根据情况随时调整内容，因而产生了一批有市场影响力的大型培训机构。

教育培训机构的授课形式延用了正规的班级授课制，班级规模不等。一般而言，培训机构教育目的明确，追求效率，因而教学方式以“传递–接受”式为主，培训教师受到学生、家长、培训机构管理方、竞争对手等多方面压力，很难兼顾除了知识传授以外的其他教育功能。此外，教育培训机构行业准入标准较低，教师选拔尚无统一标准，因此教师质量良莠不齐，同质化竞争也较为严重。

（二）MOOC对教育培训市场的冲击

- 教育培训机构需要交纳高昂的课时费，而MOOC是免费或低费用课程学习。
- 教育培训机构的可选择课程众多，而MOOC的可选课程范围远超教育培训机构，并且是来自世界各地的优质课程资源。
- 教育培训机构教师授课具有针对性，而MOOC的短视频教学伴随随堂测验和及时反馈同样具有优势。
- 教育培训机构教师质量良莠不齐，而MOOC的师资力量强大。
- 教育培训机构授课形式单一，而MOOC通过多种授课形式教学。
- 教育培训机构对于学生的课后和结课考评不做要求，而MOOC通过小测验和结课考评规范学生学习。
- 教育培训机构通常需要有固定上课时间和地点，而MOOC教学时间和地点都十分灵活。

（三）教育培训市场如何应对MOOC的冲击

MOOC强大的优势并不等同于教育培训机构可以不复存在了，教育培训机构也有着优于MOOC的部分，例如教育培训机构的学生与教师是面对面，问题的提出相比MOOC会得到更快的反馈；在没有条件参与MOOC的地区和针对不具备计算机技能但仍想学习的人群，教育培训机构就可以发挥功用；在某些考试的培训方面，教育培训机构相比MOOC就更为专长。

针对MOOC的来势汹汹，教育培训市场也有企业抓住机会和MOOC互利共赢，比如新东方自己的MOOC平台iLearn,开放在线课程学习,集团教研分享成果,同时促进机构教师的专业化发展优化培训内容,最后结业获得通关证书。一系列流程同MOOC主张无异。还有教育培训机构发展网络教育,同MOOC机构合作开发课程,扩大品牌影响力。

所以,教育培训机构如若能守住固有优势,并根据教育大环境的变化抓住改革机遇,MOOC的冲击也能变成共赢的契机。

五、基础教育MOOC建设需要考虑的问题

MOOC在高等教育兴起,取得了良好的反响,那么MOOC能否向更低年龄和学段推广成为教育研究者们关注的话题,也引发了MOOC在基础教育上的应用尝试。

但MOOC在基础教育阶段的前景引发了许多质疑,上海大学的某次学习“实数”的MOOC体验活动上,将MOOC与翻转课堂结合,引发了热烈的讨论,也产生了许多质疑。

- MOOC的课型是新课还是复习课?
- MOOC富于启发性,但用于新课前期准备工作太多,是否用于复习课效果更好?
- 课堂学生交流的宝贵时间是否被浪费?
- 翻转课堂的效果如何确保?课外的众多资料学习会不会加重学生学业负担?
- MOOC内容如何选择?由谁来制作?
- MOOC会不会反而导致教育资源不均衡?

一个例子的种种问题反映出MOOC在基础教育阶段的推广所需时间的长期性和过程的复杂性。基础教育阶段学生的特殊性要求教育不止限于知识的学习,知情意行的培养也是相当重要。因此MOOC在基础教育阶段的推广势必比高等教育知识的学习要复杂。

总体而言,MOOC在基础教育阶段的推广和尝试是对传统教育弊端的应对,MOOC带来的教育公平理念,优质教育资源的全民推广;对多年不变的教育模式的挑战给课堂增添活力;要求教师与时俱进更新自己的知识库和学习新技能,并从同行交流中提高教学水平;并能够用新的方式对学生学习行为进行测评……这些都是值得期待和鼓励的。

MOOC所引发的学习革命,对传统的教学和学习模式都造成了冲击。它所展现的优越性和潜力已开始扩散到教师的培养和专业发展领域,对于教育培训市场也是影响深远,同时,教育研究者们也在积极努力地将MOOC从高等教育往基础教育推广,取得了一些成果,但仍需要长期的努力。

第四节 互联网+时代的教学重构

在线学习、创客教育、翻转课堂、STEAM 课程、项目式学习、游戏化学习、基于脑科学的学习等，互联网+时代下的学习方式不断涌现，这些学习后面的本质，就是回归学习本源，试图从上千年来单向化、工具化、标准化的培养范式中走出来，应对日益多样性、体验性、深度探究的个性化学习需求。剖析每一种学习方式，创新背后的深层逻辑都是通过课程与教材重构，技术与评价运用，学程与流程再造等，来“重构学习”。重构学习是互联网时代学习变革的必然结果，是对学习方式、学习内容、学习环境、学习效果的立体化再造，是基于学生选择性、个性化的学习转型，是信息技术支撑下的学习，是这个时代带来的学习盛宴。

一、教学资源的重构

（一）从教师个人建资源到人人建资源

在资源库建设阶段之后，随着技术和工具的不断发展，教师个人建设资源成为可能。纵观各级各类教育资源库，库里的资源对师生缺少足够的吸引力，应用状况也并不理想。现有资源库中的各类资源在组织加工方面存在不少问题，资源库建设的思路是“碎片化资源、结构化课程、系统化平台”，对素材层、功能层、应用层有着不同的要求，碎片化资源应该主要放置在后台，前台出现在用户面前的应该是结构化、体系化、逻辑化的内容，但目前大多数建设项目却直接将碎片呈现在用户面前，而碎片化的资源呈现等于没有资源。另外资源库的菜单太多、图层太厚，对数据进行的是“图书馆式”分类，使用起来非常不方便，仅仅熟悉网站的结构就要花费很长时间，失去了信息化、大数据的优势。在资源库的内容上适合教学应用的太少，载体不丰富、形式不活泼，支持家校互动、合作学习、合作教学的资源很少。针对现状，资源的建设与应用发生变化，这个变化从教师开始，教师人人建资源成了资源建设的一种趋势。

（二）资源的推送与自适应

“互联网+教育”从最早的“计算机辅助教学”发展到目前最受关注的“教育职能化和个性化”，这种变化带来了教育资源的推送与自适应。学生在互联网上的搜索历史形成了个人的数据，通过大数据分析，互联网可以根据学生的需求自动地推送教育资源，学生则可以根据个人需求通过互联网学习资源实现自适应学习。

大数据、人工智能、机器学习、标签技术等新兴技术与传统的统计学、测量学摩擦出火花，产生了化学反应。反应之一即产生了最新的在线教育模式，自适应教育。所谓自适应教育即通过技术手段，检测学生当前的学习水平和状态，并相应地调整学习活动和进程，实现个性化、差异化学习。自适应教育能够诊断学生的能力水平、知识掌握状态，然后根据学生当前的能力水平、学习目标来为学生制订个性化的学习方案。这项技术有助于实现因材施教。

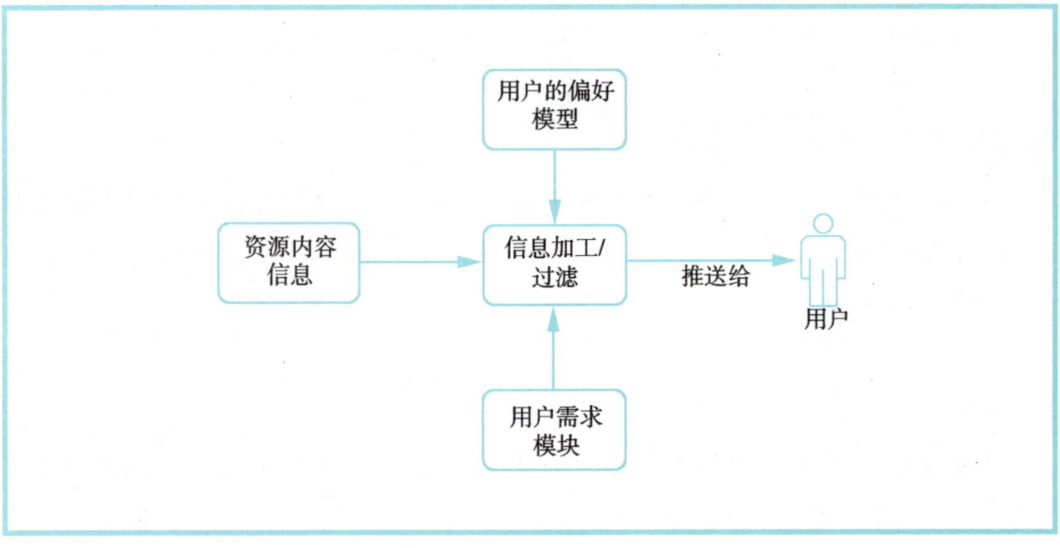

图 1–21　资源推送与自适应模型

（三）资源供给侧的变化

教学资源库建设经历了从1.0时代到2.0时代的转变，“互联网+教育”促使教学资源库建设迈向3.0时代。

在1.0时代，资源库主要由教学资料构成，包括教材、学材、数字化图书、光盘、软件等。使用者主要是学校内部的教师和学生，以教师为主。这个资源库建设的前提假设是，教师都是合格的，只是缺乏足够的资料支撑教学。在2.0时代，资源库主要由课程构成，包括网络精品课、远程视频教学、微课程、MOOC等，使用者主要是教育内部的教师和学生，以学生为主。这个资源库建设的前提假设是，由最好的老师讲授最好的课程，让其他老师和学生受益和提升。

到了今天，也就是3.0时代，资源库将主要由平台、资源和工具共同构成，这是一个在一定理论、方法体系支持下的大数据、网络课程和工具（包括开发工具、交互工具、学习工具、评价工具等）有序有机的组织系统，使用者除了教师和学生，还有社会学生，他们通过角色互动，实现合作学习。在这一过程中，每个人都是学生，又都是教师，每一位参与者都能从中得到进步。3.0时代的资源库建设，无疑会突破传统教学和传统学校的边界，要汇聚来自更多方面的力量，面对的用户群也更加复杂。

在3.0时代，资源库建设应注意以下4点。

- 资源库建设模式应实现从“供给思维”向“需求思维”的转变。
- 资源库建设成败的关键不仅在于建设，更在于利用。
- 资源库建设与利用应该以学生为中心。
- 利用资源库激发互动。

（四）资源类型转变

在互联网+时代，教学资源主要以网络资源为主，其类型逐渐由单一的纸本材料向丰富多样的数字资源转变。当前，可供学生使用的数字资源琳琅满目，这里介绍以下三类较常见的数字资源形式。

1. 微视频

微视频是指时间介于30秒到20分钟间，具有内容广泛、多样视频形态的视频短片的统称，这些视频短片涵盖小电影、纪录短片、DV短片、视频剪辑、广告片段等，可以在PC、手机、摄像头、DV、DC、MP4等多种视频终端摄录或播放。微视频首先具有视频生动易读的品格，同时具备数字视频制作方便快捷的特点。微视频具有生动易读、制作方便快捷的特点。“微”是微视频最大的优势。短快精、大众参与性和制作上传的随时随地随意性是微视频备受欢迎的主要特征。

2. TED

TED（technology，entertainment，design的缩写，即技术、娱乐、设计）是美国的一家私有非营利机构，该机构以它组织的 TED 大会著称。作为全球开放教育资源运动的成功范例，2006 年以来 TED 以其独特的发展模式和全新的共享理念异军突起，在极短的时间内就迅速成为全球 OER 领域备受瞩目的焦点。TED大会的演讲特点是简明扼要的专业讲座，观点新颖响亮，开门见山，种类繁多。大会的宗旨是“用思想的力量来改变世界”，即认为优秀的思想可以改变人们对这个世界的看法，使人们反思自己的行为。

图 1–22　TED 首页

3. 网络公开课

网络公开课，是学校在网上提供课堂实录的录像，以造福全世界的求知者。世界知名大学的网络公开课程，可称得上是优势教育资源对个人自修的赠予。在2001年，美国麻省理工学院就率先拉开了网络公开课程的序幕，并计划在10年内将该学院的全部课程资料都在网上公布，让世界任何一个角落里的任一网络使用者都可以免费取用。随后，耶鲁大学、哈佛大学等世界名校纷纷加入，免费网络公开课的影响范围不断拓宽。网络公开课基于资源共享原则，通过网络营造公开课堂。

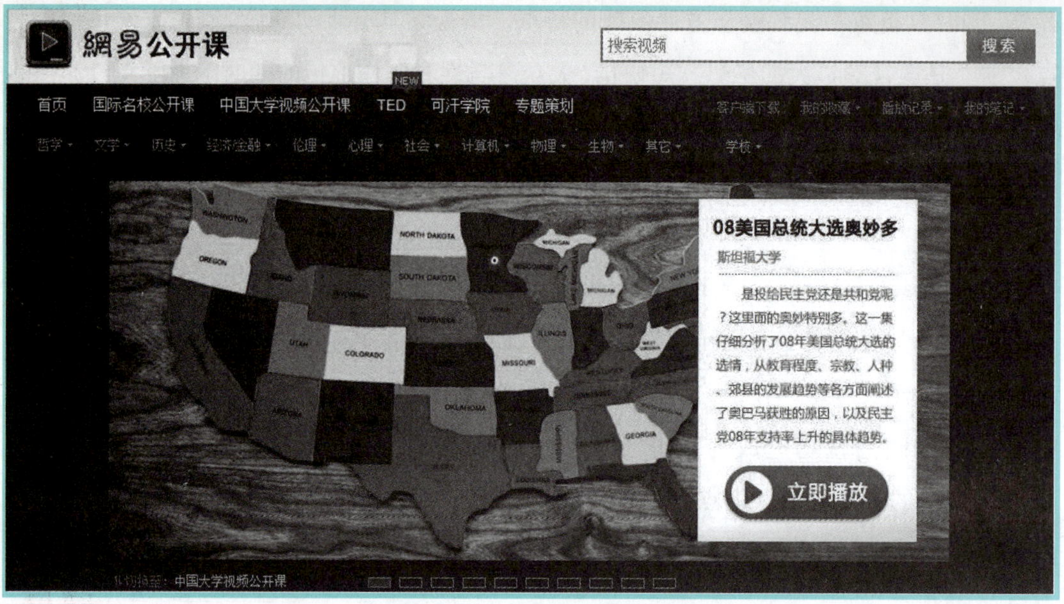

图1–23　网易公开课首页

二、教学流程的重构

2011年萨尔曼·汗与比尔·盖茨在TED大会上作的《用视频再造教育》的精彩演讲，掀起了全球教育者关注翻转课堂的热潮，有关翻转课堂的各种模式及其反响的译文便源源不断地出现在教育类网站和报刊上。美国各地翻转课堂迅速兴起，国内许多学校也随即跃跃欲试，引进翻转课堂理念，进行翻转课堂试点。近年来，翻转课堂的实践取得一定成效，形成了丰富的翻转课堂教学模式，为学校的进一步实践提供了参考。

（一）教学结构的变革

什么是"翻转课堂"？要了解"翻转课堂"，必须从传统课堂说起，传统课堂的教学过程通常包括知识传授和知识内化两个阶段。知识传授是通过教师在课堂中的讲授来完成，知识内化则需要学生在课后通过作业和操作或实践来完成的。在翻转课堂上，这种形式受到了颠覆，知识传授通过信息技术的辅助在课后完成，知识内化则在课堂中经老师的帮助与同学的协助完成，从而形成了翻转课堂。翻转课堂与传统课堂教学结构变化的比较如图1–24所示。

随着教学过程的颠倒，课堂学习过程中的各个环节也随之发生了变化。传统课堂和翻转课堂各要素的对比的主要情况见表1–7。

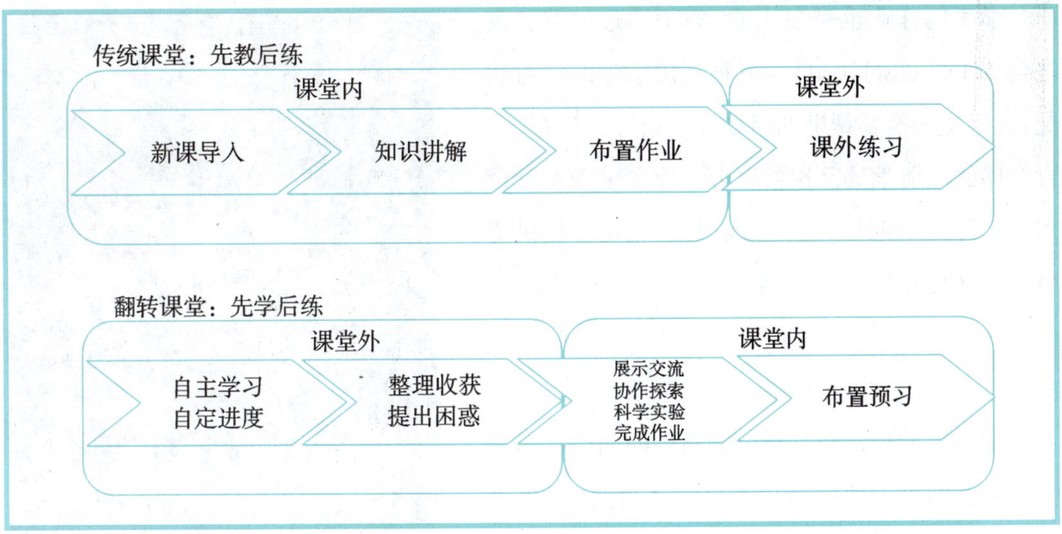

图 1–24　翻转课堂与传统课堂教学结构变化的比较[1]

表 1–7　传统课堂与翻转课堂中各要素对比表

	传统课堂	翻转课堂
教师的角色	知识传授者、课堂管理者	学习指导者、促进者
学生的角色	被动接受者	主动研究者
教学形式	课堂讲解+课后作业	课前学习+课堂探究
课堂内容	知识讲解传授	问题探究
技术应用	内容展示	自主学习、交流反思、协作讨论工具
评价方式	传统纸质测试	多角度、多方式

（二）教学结构变革案例

国内外“翻转课堂”的实践较多，下文中我们选取了几个案例。

1. 萨尔曼 · 可汗“翻转课堂”实验

萨尔曼 · 可汗在TED的激情演讲，引起全球教育工作者关注“翻转课堂”。他创办提供视频学习资源的网络学校——Khan Academy（可汗学院），用虚拟黑板、彩笔、光标和同步会话配音录制学习视频，放在可汗学院（学习网站），供学生学习，并通过学习管理平台关注学生学习情况，给予针对性的指导。萨尔曼 · 可汗不但制作教学视频供学生在线学习，

1　徐福荫，黄慕雄. 教育技术协同创新与多元发展[M]. 北京：邮电大学出版社，2013（1）：58–63.

而且学生的作业也是在线的，教师通过学习管理平台（a live dashboard）了解每一位学生的学习状况，在学生最需要帮助的时候介入指导。现在，来自全球的注册学员已达数百万。比尔·盖茨称萨尔曼·可汗“预见了教育的未来”，为可汗提供资金，支持他的网络教育事业。

图 1–25　萨尔曼·可汗的TED演讲

2. 美国林地公园高中“翻转课堂”实验

美国科罗拉多州林地公园高中的两位科学教师——乔纳森·伯格曼和亚伦·萨姆斯，预先录制教学视频，让学生把观看视频作为家庭作业的一部分，在学习课程之前的晚上，在家里通过网络、U盘或者DVD观看教学视频，称为“预点播（Pre-Vodcasting）模型”。然后利用课堂教学的时间进行深入的科学实验或完成原本的家庭作业，教师在学生需要时给予个性化互动式指导，帮助学生弄清楚他们不懂的概念。

3. 重庆江津聚奎中学“翻转课堂”实验

聚奎中学翻转课堂的操作程序可以概括为课前四步骤、课中五环节。课前四步骤是：① 设计导学案；② 录制和上传教学视频；③ 学生自主学习；④ 教师制定个别辅导计划。课中五环节是：① 合作探究；② 释疑拓展；③ 练习巩固；④ 自主纠错；⑤ 反思总结。聚奎中学是国内翻转课堂实验的领头羊，据学校调查问卷显示，教学效果明显。

不难看出，无论在中国还是美国，“翻转课堂”都有着惊人的相同之处。无论何种“翻转”，都是基于“学生为中心”的教育理念。技术的发展让学习不断地回归本源。

三、教学评估的重构

（一）互联网+时代的教育评价

互联网正在促使新的社会形态形成，教育完成了阶段性成果，我国的教育正在追求更高的教育质量以及更科学的教育观念。在这样的背景下，教育评价的发展方向越来越明确，呈现出三个趋势。

第一，促进学生的全面发展。评价不仅是考察学生的知识的获得与掌握情况，更要关注其背后的思维品质等深层次的表现和发展，学生的情感、态度、技能等非学业表现也是评价的重点。第二，追求学生个性发展。教育应以学生为本，学生个性发展至关重要，教育评价应顺应学生天性，重视学生主体的差异性。第三，注重过程和表现性评价。学生的成长与发展是一个连续的过程，单一的考试分数，不足以对学生的成长状态做总结性的评判，而应综合考虑发展过程与学生的平时表现。

（二）基于大数据的实证评价

基于大数据的实证评价是教育发展的方向，但不可否认的是这种实证评价仍然面临重重阻碍，主要表现在四个方面：缺少能够反应教育质量的大数据；缺少大数据分析的专业人才；大数据分析技术尚不成熟；大数据应用于教育评价的理论研究还十分缺乏。

虽然基于大数据的实证评价在技术和理论的发展上都不够充分，但是伴随着互联网+教育深入发展，云计算、大数据、人工智能技术不断成熟，相关的专业人才培养以及理论研究进一步发展，教育评价正在向智能化、科学化、可视化等方面发展，教学评估重构迎来契机。

1. 云计算在教育中的应用，为大数据的形成与分析创造了条件

2012年，随着“教育管理云”“教育资源云”的开启，为基础教育大数据的形成创造了基础，将全国学生的各项管理信息和资源利用信息汇集到一起，为管理、教研、教学等等环节提供了基于实证的数据支撑。2014年，中国基础教育质量协同创新中心发布了教育评价云，针对学生质量评价从标准、工具、采集、存储、分析与结果呈现，进行研究与设计，旨在为基础教育质量大数据的科学分析奠定基础。

2. 各地开展教育信息化建设，为大数据分析提供过程性和表现性数据

按照教育部的要求，各地开展“三通两平台”的建设，尤其是“录播系统”和“学生学习系统”的建设，从学生的日常学习中采集了大量的过程信息，包括学生的学习过程信息、家长的参与信息。这些信息具有很高的挖掘价值，将作为教育评价最重要的数据来源。

四、教学管理的重构

互联网+时代的学习资源与方式趋于丰富性。学生不仅可以通过正规教育渠道获取知识，也可以通过网上课堂、家长课程、在线教育等网络平台以及社会上的培训机构实现自

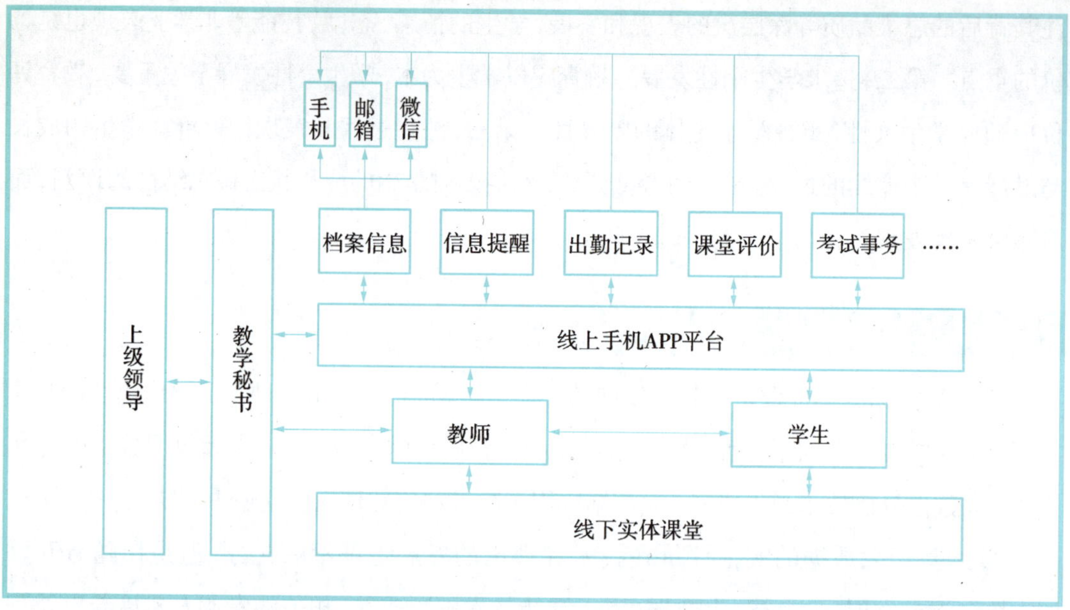

图1-26 手机APP平台下O2O教学管理工作方式的构建

主学习。此外，教育资金投入也同样趋于多元化，学校不仅有国家财政投入还可以引入社会资本，这进一步促进了教育资源的丰富性。在网络时代教育资源逐步多样化与丰富性的背景下，学校的教学管理正在发生以下五个转变。

（一）管理理念从基于经验的管理到基于数据的管理

当前，传统的校园已经逐渐走向信息化，数字校园、云服务等信息化产物使大部分教学管理工作能够在线完成。通过互联网实现的教学管理方便管理者搜集数据，此外，还能够根据学生、教师在网上的足迹实现大数据分析。互联网同时也加速了数据的传播，提高了数据分析的效率。这一系列转变加速了管理理念从基于经验的管理到基于数据的管理，促使教学管理更加科学。

（二）管理形式从行政管理到服务支持

传统的教学管理形式更加趋向于科层制的行政管理，这类管理起先被政府机构和公司等与教育差异较大的组织所采用。然而，教育有其特殊性，具备组织的松散性和职能的柔性化特征，学校里的主要关系是人与人之间的教育关系。因此，直接沿用科层制的行政管理形式，容易造成种种问题，教学管理应该逐步过渡到以服务支持为主的管理形式。互联网+教育赋予了管理者更高的管理效率，更丰富的管理资源，这有利于教学管理者为教师和学生发展提供更优质的服务，从而为教学管理形式从行政管理走向服务支持创造条件。

（三）管理过程从分割到统整

以上管理理念、思想和过程的转变促使教学管理的状态和结果也随之发生变化，从条线的分割走向整体化的管理。互联网让整个教学管理过程联结的更加紧密，教学管理不再是分割的碎片，各个环节通过互联网形成一个统一的整体。例如，校园云服务平台，可以把学校各个方面的管理统整起来。

（四）管理效率提升

互联网+教育促使管理理念、管理思想和管理过程发生转变，提升了教学管理效率。智慧软件的应用替代了原本要花费很多人力、物力、财力的传统管理形态，节约了成本，精简了管理团队，最终提高了管理效率。

（五）倒逼管理流程再造

流程再造的概念由美国麻省理工学院前计算机科学教授迈克尔·马丁·哈默（Michael Martin Hammer）在1990年的哈佛商业评论上提出的。流程再造的核心是面向顾客满意度的业务流程，而核心思想是要打破企业按职能设置部门的管理方式，代之以业务流程为中心，重新设计企业管理过程，从整体上确认企业的作业流程，追求全局最优。教学管理的核心是为学生发展服务，传统的教学管理类似于行政管理，以人为本的特色不够凸显，互联网引入教育，引发了一系列蝴蝶效应，促使教学管理流程再造，从而促进教学管理向顺应人性的服务型转变。

第五节 MOOC背后的教育理论与技术

MOOC引发了学习革命，基于互联网的教学重构正在进行。虽然2008年MOOC的概念才诞生，但是其理论根基深植于信息技术之前。本节主要介绍了MOOC背后所蕴含的教育理论以及教育技术。

一、MOOC背后的教育理论

MOOC学习模式与传统课堂教学模式的最大差别是，没有强势的教师，将你一步一步推着学，而需要学生自身主动地去学习。在这种学习模式下，学生必须要有较强的自主学习能力，MOOC平台在这方面如何让学生能够在平台上管理自己的学习、计划好自己的学习，从平台功能的设计上融合了很多学习理论。这里总结了四种直接相关的教育理论和五种间接相关的教育理论。

表1–8 MOOC背后的教育理论

直接相关	网络信息传播、教育的边际成本、个别化学习、网络学习
间接相关	学习动机与建构主义、激励理论、学习心理学、认知科学、教学理论与艺术

（一）直接相关的教育理论

1. 网络信息传播

MOOC上的课程是通过网络这个载体进行传播，具有以下特点。

第一，传播速度快。任何课程都可以通过网络快速散播到全球或接收全球的任何信息。这是一种散布型网状传播结构，在这种传播结构中，任何一个网络都能够生产、发布信息，所有网络生产、发布的课程信息都能够以非线性方式流入网络之中。

第二，传播范围广。网络课程信息传播以全球为背景，任何网络上的课程信息都可以被每个学生迅速知晓。

第三，传播成本低。通过网络载体传播信息的成本很低，网络信息的传播不需要物质实体，只要连上 Internet，就能无成本地获取课程信息。

第四，传播形态多样。形态多样是指课程信息传播的多媒体形式，包括文字、声音、影像、图片或数据等。

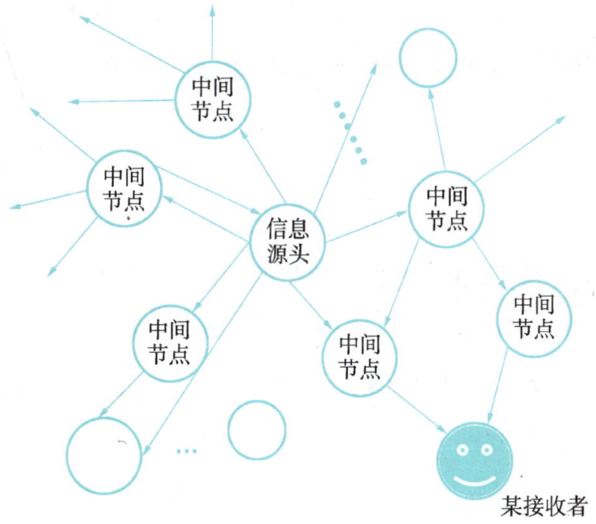

图 1–27　信息传播图[1]

2. 教育的边际成本

教育的成本主体是人力成本，传统的班级授课制，决定了教育是一个单位成本递增的事业。每新增一位学生，其费用是不断递增的。从目前世界教育改革的趋势看，为了提高教学质量而提高师生比，缩小班级规模，其结果是教育所耗费的人力成本不断上升。而 MOOC 的教育模式，却让这个趋势得到了扭转。

教育成本分为固定成本和变动成本，MOOC 学习模式的教育成本主要包括以下两项。

1 是什么在影响着信息的准确性.http：//blog.xianqu.org/2011/05/what-affect-infomation-spread/.

（1）固定成本

固定成本是指一定时期和一定数量的学生，不随学生数量增加而增加的那一部分成本。在MOOC的学习模式中，固定成本一般包括MOOC平台的开发费用、MOOC课程的制作费用、平台维护费用、网络设备费用。如果是共享平台，则只包括MOOC课程的制作费用和平台维护费用，这些成本在MOOC课程建设之初就产生了，并且是相对固定的，无论是只有1个学生还是10 000个学生，这些成本都是不变的。

（2）变动成本

变动成本指随学生数量变动而变动的那部分成本，包括在线作业批改成本、在线答疑人力成本等为了课程运行所要付出的人力支持成本，即称为教学工作量。

通过MOOC将教师的视频课程、在线作业快速传递到全球，一个MOOC课程同时学习的学生有的多达几十万人。制作一门MOOC课程的成本是固定的，每增加一个学生的变动成本是较低的，因此随着学生数量的增加，生均固定成本越来越少，边际成本递减，提高了教育投资效率。

3. 个别化学习

每一个孩子都是与众不同的，有自己独特的特性、偏好和优点，也有不同于别人的弱点。个别化学习，是通过对特定学生的全面评价发现和解决学生所存在的学习问题，为学生进行个性化的学习指导，帮学生找到最合适的学习方法，让孩子有效地学习。

在MOOC平台上个别化学习主要体现在以下几个方面：

第一，学习进度自由安排。在课堂教学中，老师只能按照统一的教学进度和教学方法进行教学，无法顾及每个孩子不同的个性。但是在MOOC平台上学习，每个学生可以根据自己的学习情况控制自己的学习进度，在薄弱的地方强化学习，在已经掌握的地方一带而过，大大提高学习的效率。

第二，学习疑难解答个别化。在课堂教学中，老师往往要针对大多数学生学习的薄弱之处做统一的讲解，已经掌握的学生也还是要花时间听课，有的学生不懂的在其他处，可是课堂时间有限，老师没精力讲。于是，学生很难将自己的学习时间有效地利用好。而在MOOC平台上，每个学生可以在线主动提出自己的学习过程中的疑问，老师在线针对性解答，让每个孩子都不会被遗漏，不让教育同质化。

4. 网络学习

MOOC学习方式的本质也是一种网络学习。网络学习是指通过网络进行的一种学习活动。MOOC继承了网络学习平台已有的很多优点，在此基础上还弥补了很多一般网络学习的劣处，并进行了革命性的突破。具体在其他章节详细描述，这里就不再赘述。

（二）间接相关的教育理论

MOOC除了以上直接相关的学习理论，也遵循了以下五个传统的学习理论。

1. 学习动机与建构主义

建构主义学习理论认为："学习过程不是先从感觉经验本身开始的，它是从对该感觉经验的选择性注意开始的。任何学科的学习和理解总是涉及学生原有的认知结构，学生总是以其自身的经验，包括正规学习前的非正规学习和科学概念学习前的日常概念，来理解和建构新的知识或信息。建构一方面是对新信息的意义的建构，同时又包含对原有经验的改造和重组。"建构主义学习理论更强调学习的主动性、社会性和情境性。

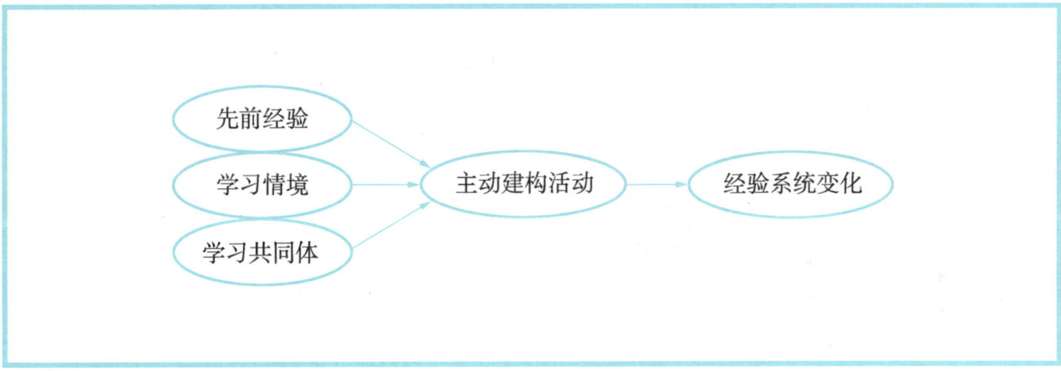

图 1–28　建构主义学习模式

MOOC平台将各类的课程展示在平台上，学生完全可以根据自己的学习兴趣选择想要学习的课程，其实就是基于自己以往的学习经验，学习更高层次的知识。和原来的知识进行重组与更新。

基于MOOC配套的教学方式中有翻转课堂的方式，其实也是建构学习理论的一种体现。MOOC平台上的课程教师会采用两种方式进行课堂翻转。一种是课程教师组织师生面对面交流活动，如分组讨论、主题交流、作业答疑、参观实习等；还有一种是借助网络技术，课程教师与学生通过视频开展教学互动，如问题解答、专题讲解等。建构主义理论认为教师不是知识的呈现者，而是不断促使学生丰富和调整自己理解的引导者。为此，教师在教学实践中必须创设一种良好的学习环境，学生在这种环境中可以通过实验、独立探究、合作学习等方式来展开他们的学习。

2. 激励理论

让学生在学习过程中拥有强烈的学习积极性，是教育努力的目标之一。而学生在MOOC平台上坚持把课程学完的比例一直很低，2014年MOOC学生调查报告数据显示，只有6%的课程注册用户能坚持学完，因此如何激励他们在MOOC上更积极地学完课程，还需要不断地研究和探索。

目前推崇的激励理论主要有：马斯洛“需要层次理论”，奥德弗“生存、关系、成长”理论，麦克莱兰“成就需要理论”，赫茨伯格“双因素理论”，弗鲁姆“期望理论”等。

马斯洛“需要层次理论”将人类需求分为五层：生理需求、安全需求、社交需求、尊重需求和自我实现需求，如图1–29所示。

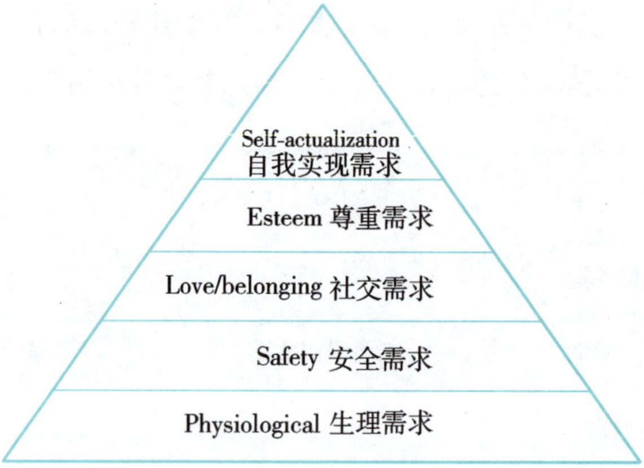

图1–29　马斯洛需求层次图

一个学生在MOOC上选择课程，一般会分为两方面的原因，第一种是外在的，例如学校的硬性要求，可以抵学分；第二种是内在的，想提高自己某方面的专业知识，和自己的发展方向一致。无论哪一种需求，学生都可以根据自己的兴趣选择课程。特别是第二种，学生学习课程的动机是自我实现需求的一种体现。自我实现的需求是在努力实现自己的潜力，使自己成为自己所期望的人物，在MOOC上自主选择自己感兴趣的课程正好契合了这一层需求。

MOOC平台上设计了一些功能，在线学分认定并拿到课程颁发的证书，学习同伴之间的相互评价，这些是为了激励学生在MOOC上的学习。

3. 学习心理学

学习心理学是教育心理学的一个重要分支，从人的学习过程、学习动机、信息加工、记忆原理、学习策略、学习技巧等领域的研究，解决学生的学习和行为问题，达到科学地学习。

MOOC平台的线上学习不仅仅是课程视频的在线观看，它涵盖了“听课—课堂随测—作业—讨论—考试—结业—证书”整个过程。相比于传统的网络公开课，MOOC的学生不但有学习的热情，更有实际的行动。他们喜欢跟随老师精心准备的学习材料认真学习、愿意花时间与学习同门课程的其他学生探讨课程问题，学生的紧密互助塑造了课程学习的良好氛围。

MOOC课程中，每门课程会有多个课程教师和助教，他们专注于自己所负责的课程，考虑在线课程学习的实际情形、网络学生的心理和能力，针对性地选择合适的教学策略，他们出现在视频中对知识点进行生动的讲解，他们从论坛中充分了解学生所遇到的困难，从而在后续的课程中做出反应(Udacity的某些课程甚至专门开辟了“答疑时间”环节，每节课都有一段老师针对论坛中学生提得最多的问题进行解答的视频)。教师如此精心地准备，学生当然能感受到，知道自己是被关注的、自己的需求能得到满足，学生自然会更愿意学习，也就能学得更好。

传统课堂里，虽然教师和学生是面对面，可是互动确是极少的，特别是高中年级的学习。而在MOOC平台上，互动成为重要的一个元素。

4. 认知科学

认知科学，是关于心智研究的理论和学说，研究“在认识过程中信息是如何传递的”。认知科学的范围主要包括知觉、学习、语言、记忆、注意等。

学习是基本的认知活动，是经验与知识的积累过程，也是对外部事物前后关联地把握和理解的过程，以便改善系统行为的性能。

学习的神经生物学基础是神经细胞之间的联系结构突触的可塑性变化。1949年，加拿大心理学家唐纳德·赫布提出了Hebb学习规则，他设想在学习过程中有关的突触发生变化，导致突触连接的增强和传递效能的提高。Hebb学习规则成为连接学习的基础。

在MOOC平台的各个方面，都将认知科学的理论应用进去，使得人们在MOOC上学习时可以更高效地、更智能地学习。

5. 教学理论与艺术

教学理论流派众多，包括程序教学理论、认知教学理论、情感教学理论等。MOOC在课程的内容上、课程平台的功能设计上、课程平台的学习流程上都融入了很多教学理论。

例如，程序教学理论的基本原则“及时强化”和“经常反馈”运用到随堂检验和作业环节。

学生在看视频课程到某一阶段时，会即时弹出视频课程内容相关的题目进行检测，学生是否掌握了前面一段内容，如果没有答对，则需要将前一段内容再看一遍。

在作业环节，平台会根据学生作业的情况，根据作业里答错的题目，将相同知识点的题目再次推送给学生，以强化练习。

二、MOOC背后的教育技术

（一）实时交互

教与学的过程是在人与人之间的互动中完成知识传授的。MOOC学习主要以互联网为媒介，学生通过电脑或者其他电子产品完成学习，MOOC有机器自动测评功能，可以方便教师实时掌握学生的反馈，学生还可以在讨论区互动，这些功能能够保证师生之间、生生之间实时互动。

（二）教育大数据技术

与普通的网络公开课不同，MOOC具有数据获取与分析能力，能够记录并分析每个学生的学习行为，MOOC“大规模”的特征为大数据的形成创造了条件。如表1–9所示，教育数据挖掘和学习分析的应用领域十分广泛，例如，教育大数据技术能够帮助教师随时掌握每个学生的学习情况并能及时反馈、指导并推荐有针对性的学习资源，从而改进教学。基于大数据分析的教育能够为教育教学提供大量实证数据材料，有助于对教育进一步解密，对教育研究也有很大帮助。

表1–9　教育数据挖掘和学习分析应用领域[1]

应用领域	解决的问题	用于分析的数据
学生知识建模	学生掌握了哪些知识（例如：概念、技能、过程性知识和高级思维技能等）	• 学生正确的、不正确的和部分正确的应答数据。 • 学生作出应答花费的时间。 • 帮助请求数据。 • 犯错和错误重复数。 • 学生的技能练习数据（内容和持续时间）。 • 学生的测试（形成性和总结性）结果数据。

1　中国教育大数据挖掘情况 .http: //www.dataguru.cn/thread–284568–1–1.html.

（续表）

应用领域	解决的问题	用于分析的数据
学生行为建模	学生不同的学习行为范式与学生的学习结果的相关关系	• 学生正确的、不正确的和部分正确的应答数据。 • 学生作出应答花费的时间。 • 帮助请求数据。 • 犯错和错误重复数。 • 学生学习情境相关数据。
学生经历建模	学生对于自己的学习经历的满意度	• 满意度调查问卷和量表测试数据。 • 在后续学习中学生对于学习单元或课程的选择和表现数据。
学生建档	学生聚类分组	• 学生正确的、不正确的和部分正确的应答数据。 • 学生作出应答花费的时间。 • 提示请求数据。 • 犯错和错误重复数据。
领域知识建模	学习内容的难度级别、呈现顺序与学生学习结果的相关关系	• 学生正确的、不正确的和部分正确的应答数据。 • 学生在不同难度学习模块中的表现情况数据领域。 • 知识分类数据技能和问题解决的关联性数据。
学习组件分析和教学策略分析	在线学习系统中学习组件的功能、在线教学策略与学生学习结果的相关关系	• 学生正确的、不正确的和部分正确的应答数据。 • 学生在不同难度学习模块中的表现情况数据。 • 领域知识分类数据技能和问题解决的关联性数据。
趋势分析	学生当前学习行为和未来学习结果的相关关系	• 在线学习系统中学生学习行为相关的横向和纵向数据。 • 学生信息管理系统中，持续一段时间且相对稳定的学生基本信息数据。
自适应学习系统和个性化学习	学生个性化学习实现和在线学习系统自适应性实现	• 在线学习系统中学生学习行为相关的横向和纵向数据。 • 与在线学习系统使用相关的用户反馈数据。

（三）云计算

云计算的定义有多种说法，现阶段广为接受的是美国国家标准与技术研究院（NIST）的定义：云计算是一种按使用量付费的模式，这种模式提供可用的、便捷的、按需的网络访问，进入可配置的计算资源共享池（资源包括网络、服务器、存储、应用软件、服务），这些资源能够被快速提供，只需投入很少的管理工作，或与服务供应商进行很少的交互。

随着用户数量和教育资源的增加，如何存储数据资源？如何保证MOOC平台服务的高可用性？如何快速地为大量用户提供服务？这些难题势必成为MOOC平台发展的阻碍。云计算成为解决这些难题的一把利刃。

Hbase、OceanBase等分布式数据库系统为海量数据存储提供了高可靠、高可用、快速访问的解决方案，海量的教育资源存储在“云”端，真正做到了随处可取，随时可取，而且出错率极低。

更加完善、健全的分布式云计算平台如Hadoop、Spark等，可以为MOOC平台提供从存储到开发、部署服务一体化的技术支撑。利用这些平台，MOOC系统不仅能存储海量数据资源，而且能在这些平台上开发出健全的、虚拟的、高可靠的服务程序。利用分布式计算技术，做到同时为大量用户提供服务的功能。

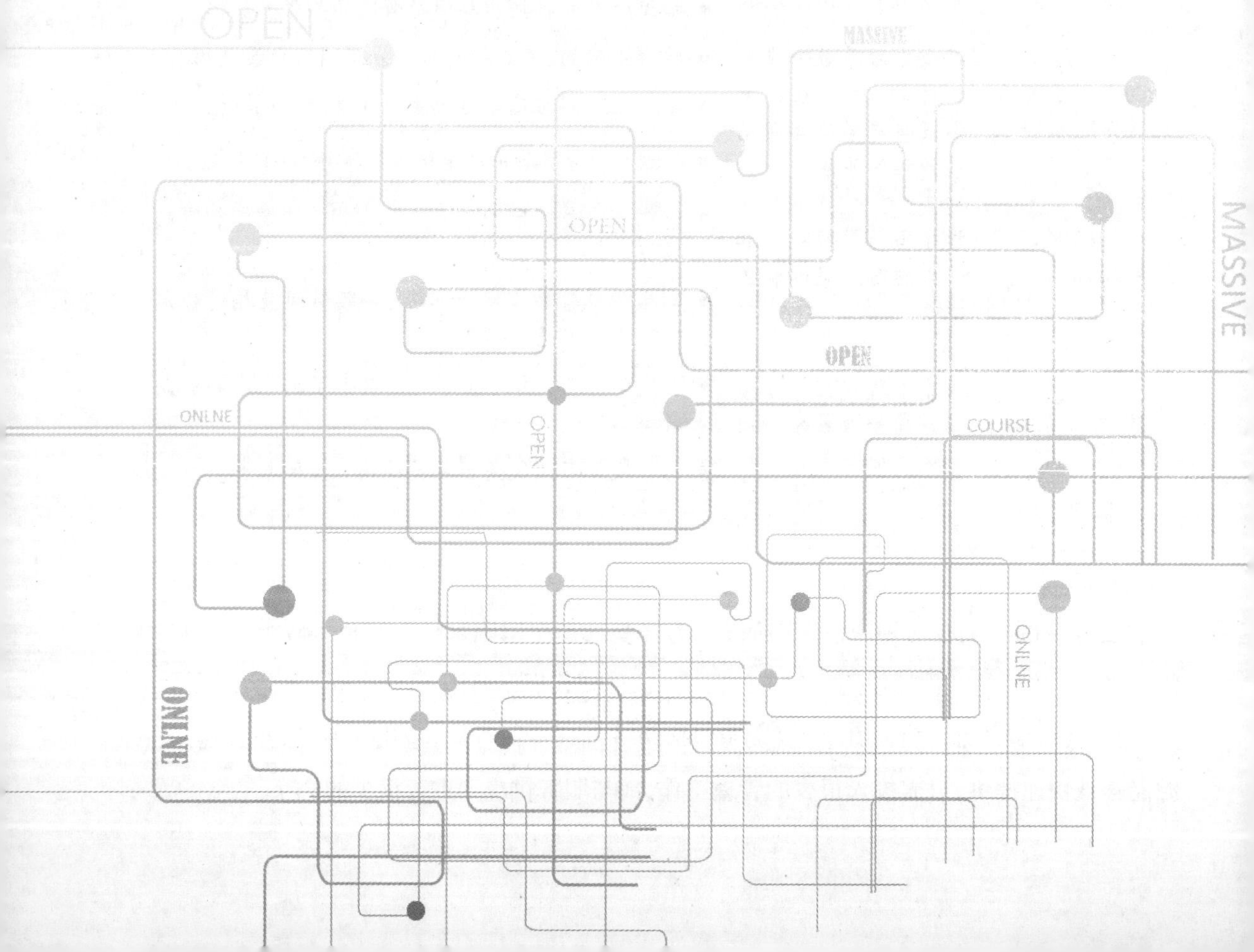

本章小结

MOOC是大规模开放在线课程的简称，中文译为“慕课”，起源于开放教育资源运动和连通主义。在开放教育资源运动与连通主义思想的碰撞下，形成了cMOOC，经过后续的发展，衍生出基于行为主义的xMOOC，这类MOOC的发展后来居上，成为今天的主流MOOC。在短短几年时间内，MOOC平台纷纷上线，最具代表性的是美国的Coursera、Udacity、edX，它们也是当前国外最常用的MOOC平台。国内MOOC在2013年起步，常用的平台有学堂在线、中国大学MOOC、好大学在线等。高等教育领域是MOOC产生与发展的主要阵地，近年来，基础教育MOOC的发展也开始崭露头角。国内基础教育MOOC兴起有其内在的必然性与必要性，以上海市高中名校慕课为代表的基础教育MOOC平台已经上线。

MOOC颠覆了传统的教学过程，在知识体系、教学组织、知识传播渠道、考核方式、教学反馈、学生身份这些层面带来变革，使得自主学习与高效率的教学更容易实现。MOOC同样在学习理论、学习内容、学习方式、学习费用上带来改变。不仅如此，MOOC重塑了教师培养和专业发展模式，冲击了教育培训市场。在互联网+时代，教学资源、教学流程和教学评估都在重新组织、构造。MOOC既是互联网+教育发展的最新成果，在实时交互技术、大数据技术、云计算等信息技术的基础上诞生、发展，又契合了传统的教育理论，例如建构主义、激励理论、认知科学等。它正在攻克传统教育的壁垒，利用科技最新发展成果撼动延续千年而不变的传统教育模式，将学习与教学带入更加精彩纷呈的当代世界。

MOOC

MOOC

MOOC

MOOC

MOOC

第二章
MOOC 创建的过程与方法

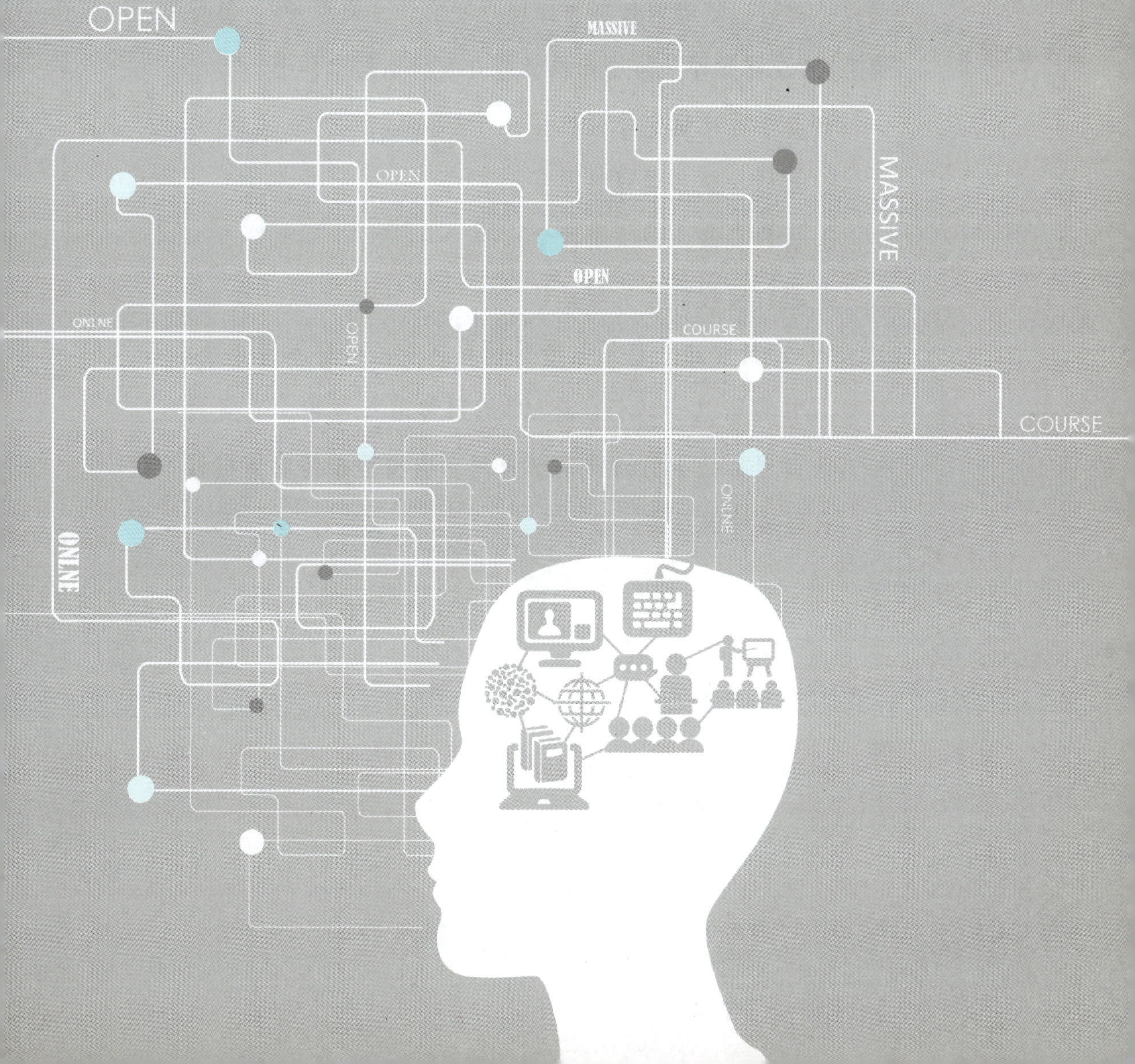

MOOC的本质是课程，只不过是大规模公开在线课程。所以MOOC创建的过程也即是课程开发的过程。著名的课程与教学论专家拉尔夫·泰勒（Ralph Tyler）于20世纪50年代在其所著的《课程与教学的基本原理》一书中就指出：课程开发（Curriculum Development）是指通过需求分析确定课程目标，选择教学内容，开展相关教学活动，组织评价与修订，以最终达到课程目标的整个过程。泰勒关于课程开发的这一原理一直在指导着全世界的中小学课程建设，所以，该原理被称为课程开发的“泰勒原理”。具体而言，“泰勒原理”所指出的课程开发包括四个环节[1]：

1. 基于需求确定课程目标；
2. 选择与整合课程的内容；
3. 课程实施，即组织教学；
4. 进行课程的评价与修订。

MOOC创建和上述环节既有相同之处，也有不同之处。比如课程实施这一环节，在MOOC创建的过程中，它实现的方法既包括线下的微课录制过程，也包括在线的组织教学、答疑辅导的过程。

1 拉尔夫·泰勒著.施良方译.课程与教学的基本原理[M].人民教育出版社，1984，(2).

第一节　教师建设 MOOC 的过程与方法

本节以泰勒的课程开发原理为基础，结合当前中小学 MOOC 建设的实际需求，来讨论中小学教师 MOOC 建设的基本过程与方法。

对于中小学教师而言，建设一门 MOOC 需要注意如下几个环节：

一、进行MOOC建设的需求与基础分析

首先要分析一下学校为什么要建设MOOC，建设MOOC需要达到什么目的，学校有哪些基础等。这包括分析上级部门的要求，本校的办学理念和办学特色，本校建设MOOC的资源有哪些以及学生的学习需求等。

（一）分析上级教育行政部门的要求

开发MOOC时，需要考虑上级教育行政部门的要求和规定，比如，从上海市教委的要求来看，上海市高中名校建设的MOOC一定是本校特色的拓展型、研究型课程为主，而非基础型课程，并且是能够体现和强化学校办学理念与办学特色的课程。所以，了解上级部门的要求，MOOC建设会更有针对性。

（二）分析本校的办学理念和办学特色

一般而言，中小学MOOC建设属于学校课程建设的重要组成部分，因而要

和本校的办学理念和办学特色保持一致。所谓办学理念是指一所学校对“办什么样的学校”以及“怎么样办学”深层次思考的结晶；而办学特色是指在办学理念的基础上，一所学校在长期办学实践过程中形成的区别于其他学校的鲜明风格，或者说是“人无我有”“人有我优”之处。教师应基于学校特色确定MOOC建设的领域。应该说，每所学校都有本校的办学理念和办学特色。如英国伊顿公学以“绅士文化”“精英摇篮”文明于全世界；上海市七宝中学以“全面发展 人文见长”知名于国内；清华大学附属中学提出“为培养领袖人才而奠基”的办学理念。那么学校的MOOC建设，最好能够服务和强化学校的办学理念和办学特色。

（三）分析本校的课程资源优势和教师特长

分析了本校的办学理念和特色之后，还要分析本校的课程资源优势和教师专业特长。我们主张，MOOC建设是在原有的校本课程资源的基础上进行再加工、再创造。这样便于减轻学校和教师的工作负担。有了课程资源之后，还要有相应的教师（团队）把该门课程资源建设成MOOC的形式，教师建设MOOC的过程也要把教师的专业优势、个性特长发挥出来，便于提高MOOC建设的质量。

（四）分析学生的特点和需求

分析MOOC学习的学生特点，以此来决定MOOC内容开发的深度、广度，以及MOOC呈现的方式。高中生有高中生的学习特点，初中生有初中生的学习特点，小学生有小学生的学习特点，对MOOC的内容以及呈现方式都有着不同的要求。比如上海市教委明确规定，上海市高中名校建设的MOOC是面向初中生为主的，即课程目标的设定和内容的选择，都要基于初中生群体的特点，课程目标不需太高，内容不可过难。

因此，MOOC建设首先要分析MOOC建设的需求和学校已有的基础，这是MOOC建设的基础和前提。

二、聚焦MOOC建设领域，确定MOOC建设的目标

在分析了MOOC建设的需求和已有的基础之后，学校就可以结合本校的办学理念和办学特色，聚焦本校MOOC建设的具体领域了。例如，科技类学科见长的学校，MOOC建设就选择科技创新类的领域；人文类学科见长的学校，MOOC建设就选择人文类学科领域；艺术教育见长的学校，MOOC建设就选择艺术学科领域等。目前，上海市高中名校在MOOC平台上可以选择的MOOC领域有语言文学、数学、社会科学、自然科学、技术、体育与

健身、艺术、综合实践，及其他。

聚焦了课程领域之后，MOOC建设团队就要确定一门MOOC教学的目标了。确定一门MOOC建设的目标时，要考虑两个方面：一是从学校的角度而言，凸显并强化学校的办学特色；二是从学生学习的角度而言，MOOC建设的目标主要是拓展学生视野、激发学生思维、满足学生个性需求等。也即是泰勒所讲的确定课程目标的两个方面：一是和学校相关的办学理念；二是和学生学习相关的学习理论。

三、基于课程目标，合理规划学习专题

就一门MOOC而言，教学目标确定了之后，就要开始进行课程结构的规划了。教师要认真思考，围绕该门课程，需要给学生呈现哪些相关的学习专题，每一专题的教学目标是什么，包含哪些内容，在这些内容当中，哪些内容是需要通过视频讲解的形式呈现的，哪些内容是需要通过提供辅助阅读资料的形式来呈现的。就像写书一样，有了书的名称，需要明确写几章的内容，各章的标题是什么，以及每章的主要内容是什么。上海市高中名校慕课平台上有一门MOOC名叫"领先一步——学做机器人"，围绕这一专题，教师设计了10讲（即10个小的学习专题），如下所示。

领先一步——学做机器人

第一讲：机器人里有什么
第二讲：如何制作一个机器人
第三讲：微电脑是什么？它能做什么
第四讲：怎样制作一个微电脑
第五讲：怎样调试微电脑
第六讲：怎样编写程序控制机器人运动
第七讲：让机器人自动走个正方形
第八讲：怎样制作和编程控制机器人的眼睛
第九讲：让机器人自己"看"着路走
第十讲：自己动手设计一个机器人

我们建议，一门MOOC可以划分为8—10个小的学习专题。专题太少，构不成一门课程；专题太多，教师课程开发的任务量大，学生学习的时间过长。各专题的设计需要注意如下几个方面。

- 每个专题有着特定的教学目标，各个专题的教学目标不互相重复，但都服务于课程总目标的实现。
- 专题与专题之间要有逻辑性和系统性，而不是内容的简单罗列和资料的随意堆砌。学生学完所有专题，学习目标即可实现。
- 每个专题的容量，学生花费40分钟左右的时间最好能够学完，包括学习视频和阅读拓展资料。
- 每个专题内，视频讲解主要内容，其他内容可以通过文档资料上传到网站上作为拓展学习资料。

在此基础上，给该课程确定一个响亮的课程名称，便于学生的辨认和识记，让学生能够一看到课程的名称，就大体知道了课程学习的目的和内容。例如："领先一步——学做机器人""化学趣味实验""数学思维方法""真菌的世界""国学经典""说'黑'"。当然，课程名称可以在开始的时候确定，也可以在该门MOOC建设过程中，或是建设完之后再确定。就比如写文章，好的文章标题，可能是在写作过程中或者是修改文章的过程中灵感突现而产生的。需要注意的是，课程的名称要和课程的主要内容相一致，要"名副其实"，不能为了名称好听好记而"名不符实"。

四、针对每个专题，整合课程内容

整合MOOC教学内容时要注意如下原则。

第一，关注科学前沿。较之于纸质的教材，在线课程的特点之一就是可以及时更新与完善。因而，MOOC建设要求关注学科发展的前沿，给学生讲解最新的科学知识和发展动态与趋势。当然，无论讲述哪些知识，无科学性错误、无价值观偏差都是基本的要求。上海市高中名校建设的MOOC课程，就内容而言，不是基础性学科的内容，也不要求是学科的基础性内容，而是对基础学科或者学科基础内容的拓展。

第二，联系学生生活。相对于基础学科重视学科逻辑的特点，为了激发学生学习的兴趣，MOOC建设可以更多地联系学生的日常生活，将知识内容的讲解和本地学生的生活密切联系，增强学生学习的兴趣，便于学生的理解。

第三，整合课程内容。将自然、社会和自我等各方面的内容，以及学科知识和学生的学习经历与经验，有机地融合在一起，面向学生完整的生活领域，使课程有利于学生的全面发展。

第四，适合在线教学。为了达到课程目标，有多种课程资源和教学活动可以使用。这里需要教师注意的是，MOOC教学，是在线教与学，因而内容的选择与组织，都要考虑在线的要求和需要。并非所有教学内容和教学活动都适合在线开展，如探究性的实验活动，学生亲力亲为的社区服务等，都不适合在线完成。但是在线教学可以为学生的实验探究、社区服务提供相应的指导、支持和帮助。学生在线学了这方面的内容之后，就可以更加高效、更加便利地进行实验探究和社区调研。

五、针对各个专题，认真制作微视频，推荐拓展资料

完成了上述四个环节，一门MOOC的基本资料和内容就有了，接下来就需要针对每个学习专题制作微课了。

如上所言，课程中每个专题的内容可以通过视频的形式呈现，也可以通过word或者是pdf文档或者是图片的形式呈现给学生。这就需要教师思考，针对每个专题的内容，哪些需要通过视频讲解，哪些直接上传阅读资料就可以了。一般而言，学生自己阅读比较困难的内容，容易引起学生混淆的内容，教师要重点讲解的内容，要录制成视频。

视频录制要认真设计，视频呈现形式要生动有趣。录制视频时，要注意“内容为王，不要过于凸显教师”。这里还要注意，针对每个学习专题，录制视频时需要主要如下几个方面。

- 录制教学视频，每个视频最好不超过10分钟。根据内容量的大小，一个专题的内容可以录制1—3个视频。
- 针对每个视频，配备检测题，供视频学习的过程中打点提问用，以增强视频学习的交互性。针对该任务的实现，教师需要准备相关的问题，如通过选择题或者是填空题等，由技术人员或管理人员负责打点提问功能的实现。教师可以参照本章附录1中的《打点提问的模板》来设置每个视频中的问题和答案。
- 每个视频结束时，提出探究性问题供学生思考讨论。
- 学校统一制作片头和片尾。片头内容包括学校名称、课程名称、主讲教师等信息，时间10秒左右，不可过长；片尾包括策划、教学设计、拍摄、剪辑的人员等。可适当配上背景音乐。
- 根据MOOC平台的要求，转化视频格式。一般而言，视频格式需转化为H.264+AAC编码的MP4文件，幅面要求达到720*576以上，码流为0.5—1 Mbps。

- 学生对每个专题的学习，仅仅有教学微视频是不够的，还要有拓展阅读资料。所以，针对每个专题，教师除了录制并上传教学视频之外，还要给学生推荐并上传其他拓展学习资料。

因而，针对每个专题，录制微视频，推荐拓展资料，该部分的工作量是比较大的，会占据MOOC建设绝大部分的工作量。

一般而言，如果在线开课之前，能够做好所有的课程内容是最好。如果开课之时还没有建设完所有的微课内容，那么至少，教师要完成课程建设2/3的工作量。

六、认真思考，写出推介性的课程简介

课程简介，主要包括这是一门怎样的课程，学生学习了之后会有哪些收获和提升，课程的主要内容有哪些，适合的学习群体是谁，学生学习前需要做哪些准备，学习过程中需要完成哪些任务等。教师把它写出来，就是本门课的课程简介。目前的上海高中名校在MOOC平台中的课程简介部分，有的教师是以文字形式来呈现的，有的教师也会把这部分内容做成2分钟左右的微视频，类似于课程的导论。像写文章一样，要有“内容摘要或内容提要”。

课程介绍，最好在MOOC建设开始时写出来，当然，在该门MOOC建设完成后，还要进行再修改，以便更加精准、细致。尤其是将课程介绍录制成微视频的时候，更加需要在该门MOOC建设完之后来进行。因为此时，对于课程介绍的内容，教师会更加清楚、更加有把握。

要注意的是，课程简介，是写给学生看的，要从学生的角度来写，要能够吸引对该专题有兴趣的学生来学，也让对该专题没有兴趣的学生不要来学，所以也叫推介性课程介绍。这里再次以“领先一步——学做机器人”为例，这门MOOC的课程简介如下，供教师参考。

领先一步——学做机器人

本课程以学做一个“蓝宝”机器人为目标。该机器人是一个移动式机器人：有“大脑”“眼睛”“嘴巴”“耳朵”“腿”“思维判断”，能够实现移动、呼救、感光等功能，是一个初级的机器人。学习中，以机器人的执行机构、微电脑的制作与调试和“蓝宝”机器人的制作三个层次进行学习，共10讲。通过学习，

能够自己制作一个初级的机器人的硬件部分和用汇编程序设计简单的控制程序。当然，这已经能够让你在同伴中成为一名在工程、计算机等方面有高水平的人。

七、认真修改完善，不断提高质量

应该说，截至上述六个步骤，教师的MOOC建设，线下的工作基本上告一个段落，但是还没有结束。上线之前，教师还要认真阅读与修改如下内容：① 课程介绍（文字性介绍、视频介绍）是否准确；② 课程标题是否恰当；③ 课程架构是否合理，各个小的专题之间的逻辑性和系统性如何；④ 每个专题的容量是否过多或过少；⑤ 课程内容，包括视频、文字资料和图片资料，有无价值观失误和科学性错误，呈现形式是否可以更加合理等。

若发现不妥之处，立即修改与完善。

八、撰写在线的"课程导学"，指导学生如何学习

MOOC学习，教师和学生通常是不见面的。对于该门课的学习目的与目标是什么、学习的任务有哪些、学习方法有哪些、学习内容涉及什么，等等，学生是根据线上的"课程导学"来学习的。因此，教师在课程上传到平台之时，要认真撰写课程导学。目前，上海市高中名校在MOOC平台上的课程导学包括如下几个方面。

- 学习目的：即学习本课程有什么价值和意义。
- 使用对象：初中还是高中。
- 学习内容：课程涉及的主要内容。
- 预备知识：学习本门MOOC，需要做好哪些认知准备。
- 证书要求：要获得本门课程的证书，需要完成哪些学习任务。
- 参考资料：本课程的参考资料有哪些。

围绕上述几个方面，教师认真填写，便于更好地指导学生在线学习。

九、提供面向学生的教师（团队）简介

提供进行MOOC建设的教师个人或教师团队的简介。简介以面向学生的内容为主，

删减无关内容，并选择一张形象较好的照片。这既是对教师及其团队的宣传，也便于学生了解教师及其团队。

十、根据平台操作要求，把课程上传至平台，并撰写"课程公告"

根据平台的要求，在技术人员的帮助下，或者自己操作，把建设好的课程上传至学习平台。

平台上的"课程公告"，主要是告诉学生课程开课的时间、学习的时间和讨论的时间安排等。如针对一门课，教师撰写了如下的课程公告："2016年3月5日到6月5日开课，视频学习时间为双休日的8：00—20：00。讨论时间为周日上午8：00—10：00。"

学生看了"课程公告"后，就清楚整门课程的学习时间和进度安排了，以决定自己的学习安排。

十一、上线开课，答疑辅导

在线开课时间，主讲教师或者是助教或者是学生志愿者，要定期参加在线的答疑辅导，回答学生的问题，引导学生进行在线交流，并根据学生发帖和留言的情况，初步评估学生MOOC学习的情况，了解学生对该门课程的评价。上线开课前，最好填写《上线开课申请表》，便于学校和管理员的统一管理，可参见本章附录2中的《上海市高中名校MOOC上线申请表》。

十二、课程评价与修订

MOOC建设好之后以及在开课过程中，教师团队经常总结MOOC建设的成效，反思MOOC建设存在的问题，并根据学生发帖和留言的情况，初步评估学生MOOC学习的情况，了解学生对该门课程的评价。

在此基础上，不断修改与完善课程内容，改善学生学习体验与学习成效，逐步提升MOOC建设的质量。

上述环节构成了MOOC建设的闭路循环，在这些过程中，不断反思总结，逐渐提升MOOC建设的质量。

第二节　MOOC 建设的质量标准与注意事项

本节重点分析 MOOC 建设的质量标准，并结合以往中小学教师 MOOC 建设过程中常见的问题，指出 MOOC 建设中的注意事项。

一、MOOC 建设的质量标准建议

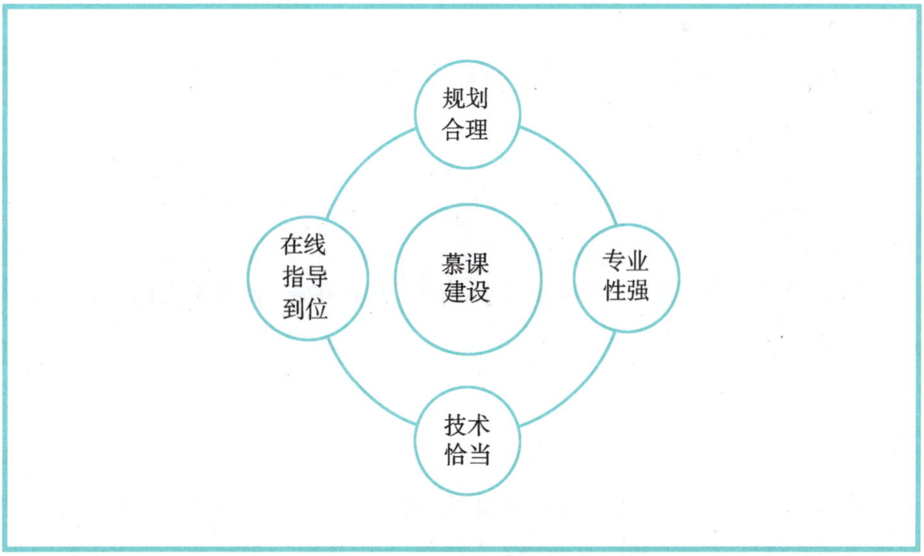

图 2–1　决定MOOC质量的四要素

基于上海市高中名校慕课建设的经验，在充分调研的基础上，本研究研制出MOOC建设的质量标准：规划合理，专业性强，技术恰当，在线指导到位。

（一）规划合理

规划合理即一门课程要进行的整体设计和规划合理恰当，具体包括以下几个方面。

1. 定位恰当

课程内容符合学校办学理念和办学特色，属于学校拓展型和研究型的校本课程。

2. 架构合理

每门课程整体规划合理，每个小专题的教学目标明确，内容呈现形式恰当，有视频，有拓展资料，有思考题，容量适中。专题与专题之间的逻辑性、系统性强。

3. 简介清晰

课程简介清晰简洁，重点突出，吸引对该主题感兴趣而不是没兴趣的学生来学习。

4. 导学清楚

清楚撰写有关学习目的、适用对象、预备知识、学习内容、证书要求、参考资料等课程导学项目。

（二）专业性强

MOOC建设的专业性体现在方方面面，既包括课程设计的专业性，也包括课程实施的专业性，具体包括以下几个方面。

1. 内容科学

所有内容无价值观失误，无科学性错误，专业性强，无论是书面语言还是口头语言，表述都要规范。

2. 学科融合

课程内容不属于语文、数学、物理等基础学科的内容，属于这些学科的拓展学习内容，尽可能地凸显学科知识的交叉与融合。

3. 特色凸显

课程内容符合并强化本校的办学理念和办学特色。

4. 激发思考

学生学习过程中有检测性题目，吸引学生学习注意力，每个视频学习结束时有思考性问题，引发学生思考和讨论。

5. 资源丰富

每个学习专题，不仅有教学视频，也有拓展阅读资料。

（三）技术恰当

技术恰当，更多地是指微视频的制作。恰当运用信息技术，让教学内容有趣乐学，本节第二部分“优质微视频的质量标准建议”将有详述，尤其是其中关于技术运用恰当的部分。

（四）在线指导到位

在线指导学生学习，除了撰写清楚的课程简介、课程导学之外，教师还需要做到以下几个方面。

1. 公告清晰

课程公告明确告知开课时间，讨论时间。

2. 答疑及时

学生在线学习过程中提出的问题，能够及时得到老师或者是同学的反馈。

3. 引导到位

教师提出有引导价值的问题，并组织学生开展深入研讨，有效交流。

4. 评价合理

对于学生学习的成效，能够做出合理的评价，以决定是否发放MOOC证书。

二、优质微视频的质量标准建议

在MOOC建设的过程中，制作教学微视频对不少教师而言，是一项未曾接触过的全新任务。单个优质教学微视频，其质量标准主要从内容的专业性、教学的艺术性、技术的恰当

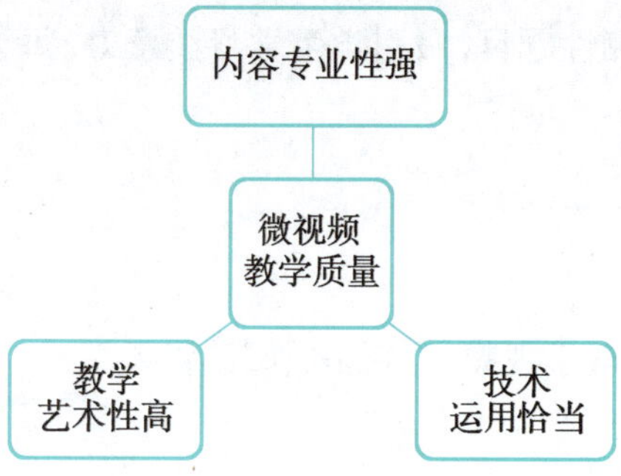

图 2-2 优质教学微视频的三大质量标准

性三大维度来衡量，具体标准可参考如下建议。

（一）内容专业性强

1. 目标明确，内容恰当

每个视频的教学目标明确，选择的内容材料恰当，服务于目标的达成。

2. 内容无误，表达规范

内容呈现无价值观失误，无科学性错误。书面语言和口头语言，要表述规范。

3. 逻辑性强，条理清楚

视频中内容的呈现次序富有逻辑性，条理清楚，结构合理。

4. 提出问题，引发思考

每个视频讲解结束时，要提出恰当的问题，引发学生思考和讨论。

（二）教学艺术性高

1. 面向个体，交流辅导

视频学习时，是学生一个人在学，因而教师在视频中教学的风格是一对一交流辅导风格，而不是面向全体学生的教学风格。开头最好是“同学，你好”，而非“同学们，大家好”。

2. 讲解清晰，发音标准

教师讲解清晰，普通话标准，如果是外语类讲解，教师发音也要标准。

3. 语速适中，节奏适当

教师讲解时语速适中，节奏恰当，要给学生留有呼吸和思考的时间。

4. 生动活泼，有亲和力

教师讲解时投入感情。讲解生动，活泼，亲切，幽默。

（三）技术运用恰当，符合内容特点，服务学生学习

1. 版面简洁，版式协调

PPT（或其他形式）的课件，版面简洁，凸出文字和图片内容，文字内容、图片内涵搭配协调。背景色和文字图片的颜色对比要明显，以便凸显内容。技术使用不能喧宾夺主，不使背景图案或者颜色弱化了内容的呈现。

2. 图文清晰，无杂噪声

课件上文字和图片的内容呈现要清晰，让学生很容易看清楚；录制时做到无杂音噪声干扰。即让学生看起来清晰，听起来清楚。

3. 图文并茂，生动有趣

充分利用现代信息技术可以有的呈现方式如动画、图片、声音、艺术字等，让学习内容的呈现尽可能地生动有趣，激发学生学习兴趣。

4. 视听一致，呈现有序

教师课件上的文字和图片呈现到哪里，教师就讲解到哪里，这样比较容易吸引学生的注意。不要将课件整版推出，教师在讲上面的内容，学生看到了其他地方的内容，分散学生学习的注意力。

5. 增强交互，吸引注意

在视频讲解的过程中，穿插一些简单的检测题（如选择题或填空题），供视频打点提问之用，增强视频学习的交互性。

三、MOOC 建设注意事项

结合上海市高中名校在建设MOOC平台中遇到的问题和有待改进之处，现提出

MOOC建设需要注意的如下几个方面，和教师们分享。

（一）认真撰写课程简介、课程导学、教师简介

对于课程导学与简介，包括教师本人的简介，都需要进一步认真修改和完善，使之更加清楚和简洁。不要因为教师不知道该如何填写这些内容，或者因为填写时不够用心，导致课程简介、导学等信息不够清楚具体。

（二）加强课程的整体规划

一门课程，不仅仅是有什么内容就呈现出什么内容，要加强各个小的学习专题之间的整体规划，使之更具逻辑性和系统性。

（三）认真打磨课件，使内容呈现更加清晰、生动

仔细阅读、分析课件的内容，确保课件中无科学性和价值观的问题。文字、标点符号、口头讲解的语言也都要科学规范。

（四）视频制作要内容为王，不要过于凸显老师

在视频刚刚开始的时候或者是视频结束的时候，呈现一下教师形象是可以的。但是没有必要整个视频讲解的过程中教师一直“在场”。“教师在场”所占用过多画面的时间和空间，可以用更多的文字和图片来呈现内容。视频要凸显的是要讲述的内容，而不是教师本人。

（五）增强视频学习的交互性

视频学习过程中，每隔几分钟，要有让学生回答的检测性题目。完成检测题之后，学生继续学习，增强学习的交互性。

（六）视频结束时要提出思考性问题

结合视频讲解的内容，教师在视频讲解结束时要提出能够引发学生思考和讨论的问题，供学生思考，在平台的讨论区内交流讨论。

（七）增加拓展阅读资料

每个专题的学习，除了视频之外，还要增加拓展阅读的资料，丰富学生的学习内容，给

学有余力的学生提供更多的学习机会。

（八）避免商业广告植入

视频中避免商业广告出现。就如同教材中没有商业广告一样，视频中也无须做商业广告，尤其是一些对学生身心健康不利的广告，更是不宜出现。

第三节　学校 MOOC 建设项目负责人的工作事项

学校 MOOC 建设有时仅凭教师一人单打独斗，不一定能够顺利完成任务、实现 MOOC 建设的目标，往往需要教师之间的团队合作，这既有学科教师之间的合作，也有学科教师与信息技术教师之间的合作。因而，如果学校层面有专门负责此事的分管领导来统筹协调本校 MOOC 建设的工作，就会大大减少教师工作的压力，起到事半功倍的效果。本节将从学校 MOOC 建设的维度来分析学校 MOOC 建设项目负责人工作注意事项。

一、明确MOOC建设之于学校和学生的意义与目标

如前所言，上海高中名校的MOOC建设，是深化基础教育人才培养模式改革的重要举措，它旨在充分发展学生的兴趣爱好与个性特长，丰富学生的学习经历，增强学生学习的自主性与自觉性，全面提升学生的综合素质。MOOC建设本身对于进一步增强学校办学特色、让初中学生通过课程更好地了解高中学校的办学理念、课程特色，有着重要意义。同时，它更是政府推动教育公平的重要路径，让名校的优质教育资源辐射到全市中学生。学校领导要充分认识到此次MOOC建设的重要意义和价值，统筹学校资源，激发教师MOOC建设的积极性和主动性。

此外，学校分管MOOC建设项目负责人要明确学校MOOC建设的目标。

一是提升中学生信息化环境下的学习能力。着眼于中学生未来发展的核心素养培育，引导中学生适应网络环境下的学习方式变革，培养良好的网络学习习惯，提升自主学习能力。

二是推进高中学校特色多样发展。MOOC平台的建设和上线，有利于实现本市高中优质课程资源的共享与辐射，提升高中特色课程建设水平，促进高中特色多样发展。

三是培养使用信息技术与教育教学融合的师资队伍。引导教师加强课程设计和教学研究，增强利用网络与学生互动的意识，促进教师教学方式变革。

二、明确本校办学理念和办学特色

学校的办学理念是对“办怎么样的学校”和“怎样办好学校”的深层次思考的结晶，它是教育理念的下位概念，是针对一所具体的学校而言的，是学校育人模式的核心和基础。在学校发展过程中，经过对办学实践的总结和提炼，每所学校都有自己的办学理念。如上海中学的办学理念是“聚焦志趣，激发潜能”。上海交通大学附中的办学理念是“思源致远，创生卓越”。

学校办学特色是学校独特的办学理念的反映，是以人才培养模式为载体的教师特长与学生特点的集中体现。因而，研究办学特色就要认真研究培养模式。培养模式包括学校独特的课程与各种教育活动的体系、富有个性的教育教学方法体系，以及与众不同的教育评价体系等。没有办学模式这一载体，办学特色永远只能成为空洞的口号。

如何形成并强化学校的特色？课程，它上承学校办学理念，下接学生成长与发展，是落实并强化学校办学特色的重要一环。MOOC同样是课程，是基于现代信息技术的支持所开设的线上课程。当前上海市高中“四大名校”开出的MOOC，都是基于学校的办学理念、办学特色以及现有资源优势所建设的课程。以后，上海市实验性示范性高中也会根据自身的特色开出不同类型的课程。初中学生通过MOOC学习，更加清楚每所学校办学的优势和特色，更有利于做出最适合自己的选择。学生特长与学校特色的互动，这将会在很大程度上强化学校的办学特色和优势，切实克服我国普通高中“千篇一律，千校一面”的问题。在这一意义上可以肯定地说，在当前信息技术背景下，MOOC建设是促进学校特色发展的重要举措。

三、选择MOOC建设的领域

在上述办学理念和办学特色的指导下，结合学校已有的课程资源和优势、教师的优势和特长，学校管理团队共同协商本校MOOC建设的领域，如上海交通大学附中MOOC建设集中在STEM领域，上海中学的MOOC建设集中在文学艺术领域和信息技术领域等。

这里尤为要注意的是，特色高中在建设学校的MOOC时，要紧密结合本校的特色项目，将MOOC建设定位于学校的特色专业、特色项目和特色课程，将这些资源进行有机整理，建设在线课程。

四、知晓MOOC建设的步骤与方法

虽然学校分管MOOC项目负责人未必亲自建设MOOC，但是知晓MOOC建设的原则、标准和方法等，便于自身开展领导工作。MOOC建设的步骤与方法已在前文有述。

五、组建本校MOOC建设的团队

结合本校MOOC建设的领域、MOOC建设的要求，组建本校的MOOC建设团队。一般而言，学校MOOC建设的团队有如下几方面的人员构成：① 掌握信息技术的项目管理员，主要负责MOOC建设过程中技术方面的协调、沟通与支持；② 主讲教师，主讲MOOC的授课内容；③ 如果主讲教师不会自己录制教学视频，那么MOOC建设的团队中还要有信息技术人员，负责视频的录制、剪辑等工作，该人员可以是学校内部的工作人员，也可以是校外聘请的专业人士。

六、负责MOOC建设中的协调与沟通

MOOC建设过程中，既要做好学校与教育行政部门的沟通与协调，也要做好学校内部MOOC建设团队之间的沟通，有时还要做好学校与外请人员的沟通等。这些工作，学校分管MOOC项目的负责人要担负起应有的责任。

七、负责保障本校MOOC建设质量

在MOOC建设的起始阶段、过程之中，以及每门MOOC建设完之后，学校分管MOOC项目负责人要做好MOOC建设质量的保障与支持工作。

八、组织“教师”开课期间的答疑辅导

MOOC建设线下的工作完成后，上线开课之时，还需要学校的“教师”进行答疑、辅导、引导学生在线讨论交流。学校分管MOOC项目负责人也要负责组织管理好教师能够按照规定时间参与学生线上学习的辅导和引导工作。负责答疑、辅导的“教师”可以是主讲教师，也可以是助教，甚至可以组织学生志愿者来开展。

九、不断总结反思本校MOOC建设的成效与不足

和学校教师一起，阶段性地总结反思MOOC建设过程中取得的成效、有效的经验、存在的问题及改进的思路和举措，不断提高本校MOOC建设的质量。

第四节 “PPT + 录屏”的脚本设计与视频录制

视频录制可以采用“PPT+ 录屏”“拍摄式”“iPad录制”“手写板 + 录课笔”，等等。其中无论何种形式的视频制作，对于教师而言，准备好课件与脚本，都是最为主要的工作。本节主要讲述以“PPT+ 录屏”形式下的脚本设计和视频录制流程。

一、PPT设计

如果采用“PPT+录屏”的形式进行录制，PPT的设计需要注意以下几点。

- 画面风格符合学习对象的心理特征。低年级学生，画面活泼风趣；高年级学生，画面简洁大方明了。
- 文字颜色与背景色对比度大一些，突出文字内容。
- 文字简短凝练。在PPT课件中呈现内容，做到“能用图不用表，能用表不用字”，即图>表>字。

二、脚本设计

PPT设计完毕之后，就要进行文字脚本的设计了。脚本的撰写要尽量详细，体现画面、语言、录制方式与录制规格的统一，详见本节案例赏析:《变废为宝——废旧轮胎制备燃料油和活性炭》之课程导论的文字脚本。

三、录制视频

脚本撰写完毕之后，面临的任务就是按照脚本操作程序进行视频录制。视频录制有如下几个要求。

- 不限制录制工具，可采用自己擅长的任何软件，也可同时使用多个软件。
- 视频录制规格是画面比例16:9，幅面最好是1 280*720，格式为MP4，每节微视频时长5—10分钟。
- 画面清晰、美观，富有动感，符合受众的心理特征和学习规律。
- 配音清亮，音质音色好听，整个课程配音音量和谐。有的视频前后配音高低不一，配音与引用视频的音量高低不一，这些都是需要修改的。
- 各学校统一制作片头和片尾，时间各约10秒。片头内容包括模块名称、学校、教师、学习目标；片尾包括策划、教学设计、拍摄、剪辑的人员等，可配背景音乐。

锦 囊 妙 计

- 可以结合动态演示工具进行录制，推荐 focusky 和 Prezi 这两款演示工具。
- 录制过程中，切忌读稿子。建议先打好腹稿，然后结合画面的切换进行不紧不慢地讲解。如果有几句话讲错了也不要紧，暂停一会，重新讲解即可，待录制结束之后，用视频编辑软件将讲错的部分剪掉。
- 为避免杂音和噪声，建议购买独立声卡和电容麦，选择一个安静的环境进行录制，可保证声音的洪亮清晰。
- 录制过程中，可以采用小组合作的形式，声音优美的成员负责配音，技术过硬的成员负责后期剪辑。

四、课程上传的技术要求

课程章节内容需采用视频格式转化工具，将视频的格式转化为H.264+AAC编码的MP4文件，幅面要求达到720*576以上，码流为0.5—1 Mbps。

案例赏析

《变废为宝——废旧轮胎制备燃料油和活性炭》之课程导论的文字脚本

<table>
<tr><td>知识点名称</td><td colspan="2">《变废为宝——废旧轮胎制备燃料油和活性炭》之课程导论</td><td>技术规格</td><td>16:9格式:MP4</td><td>时长</td><td>5分钟</td><td>设计者</td><td>于天贞
冯若君</td></tr>
<tr><td>画面序号</td><td>画面内容/必要操作</td><td>录制方式</td><td colspan="5">解　说　词</td><td>备注/说明</td></tr>
<tr><td>1</td><td>固定片头
单位:
制作:</td><td>PPT</td><td colspan="5">背景轻音乐《故乡的原风景》</td><td></td></tr>
<tr><td>2</td><td></td><td>PPT</td><td colspan="5">同学你好,欢迎你学习跨学科创新课程之《变废为宝——废旧轮胎制备燃料油和活性炭》,在开始我们的学习之前,需要向大家作简要说明。</td><td></td></tr>
<tr><td>3</td><td>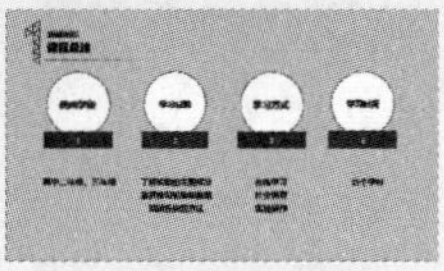</td><td>PPT</td><td colspan="5">我们课程的使用学段为高中二年级和三年级,学习目的是了解轮胎的主要成分,掌握利用废旧轮胎制备燃料油和活性炭的方法。学习方式包括在线学习,社会调查,实验操作等。共需要25学时。</td><td rowspan="4">1. 声音清晰柔和,语速适当;
2. 声音与画面保持良好的同步,无杂音、噪声;
3. 画面清晰。</td></tr>
<tr><td>4</td><td></td><td>拍摄</td><td colspan="5">为了帮助大家更好地学习,在课程结构上,本课程共分7节,第一节为课程说明,第二节讲述了轮胎的主要成分,第三到六节分别从理论和实验两个方面分别讲解利用废旧轮胎制备燃料油和活性炭,第七节是实验反思,此外在课程支持资料中也准备了相关资料供大家学习。</td></tr>
<tr><td>5</td><td>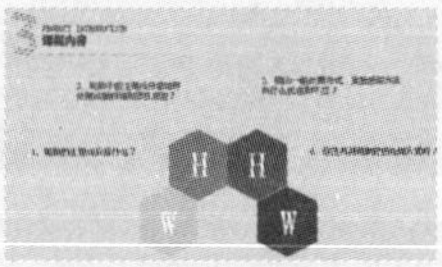</td><td>PPT</td><td colspan="5">在内容上,主要围绕以下四个问题展开:1. 轮胎的主要成分是什么? 2. 轮胎中的主要成分是如何处理成燃料油和活性炭的? 3. 相比一般处理方式,实验所用方法有什么优点和不足? 4. 你还有其他更好的处理方式吗?</td></tr>
<tr><td>6</td><td></td><td>拍摄</td><td colspan="5">了解了我们的课程设置,同学需要做一个访谈式调查,了解我们生活中对废旧轮胎的处理方式都有哪些,并记录在课程支持资料的调查报告中。</td></tr>
<tr><td>7</td><td></td><td>PPT</td><td colspan="5">本节主要是对课程进行介绍和说明,接下来的课程我们将正式开始学习,谢谢大家!</td><td></td></tr>
</table>

(本节资料由"华东师范大学慕课中心"于天贞提供,特此致谢!)

第五节　拍摄式视频制作的注意事项

拍摄也是视频制作的一种方法，即教师直接看着课件来讲课，有专门的拍摄人员来录制整个讲课过程，并进行后期的剪辑处理，制作出符合学科内容特点、适合学生学习需求的视频。

一、课程前期拍摄制作要求

（一）场景

尽量选用演播或录播教室场景。若选用真实教室时注意光线（日光或灯光）的统一和音频的混响，防止附近噪声和日光灯交流声响的干扰，尽量均匀用光。教学设备如实物投影仪、大屏幕等摆放位置要有利于拍摄。

（二）课堂拍摄

如果含课堂（室外探究）场景，建议多机位拍摄（两台或以上专业摄像机），摄像与编导尽量从认知规律和观众的角度进行拍摄切换，充分呈现拍摄主体，特别是关注学生知识递进的学习过程以及教师的执教风采。课后可补拍一些空镜或学生反应特写镜头，以便编辑串接困难时随时调用。

（三）录音

要求教师必须使用无线话筒，拾取学生声音尽可能多地使用外置话筒。另外，对现场录制后出现的声音不平衡现象，在后期制作中尽量调整。

（四）课件录制

将电脑信号分频后，通过VGA信号线直接送进切换台，供导演切换。也可以通过录屏软件直接录制，后期作为视频信号与摄像机信号进行切换。

（五）剪辑

使用远程录播教室的摄像系统直接录制的课堂教学录像需经过必要的后期剪辑处理。

二、课程后期制作要求

（一）课程的基本结构

课程的基本结构包括：课程名称、来源学校、学科、学习对象、课程简介、教学目标、教学计划（导学）、教师（团队）介绍、教学模块内容、测评练习等。

其中教学模块内容的视频制作规范如下所示。

- 时间控制在10分钟左右。
- 片头包括模块名称、学校、教师、学习目标，时间约10秒。
- 片尾包括策划、教学设计、拍摄、剪辑人员等，可配背景音乐。

（二）课程录制的视频格式

课程录制的视频格式有标清与高清两种制作标准。其中，标清制作标准采用标清MPG2，幅面720*576，视频码流8 Mbit/秒，帧速率为25帧/秒；高清制作标准采用高清H264 MPEG-4、WMV或TS等视频格式，幅面1 920*1 080或1 280*720，视频码流为10 Mbit/秒，帧速率为25帧/秒。

通常情况下，建议使用高清制作标准对课程进行视频录制。

三、课程上传的技术要求

课程章节内容必须采用视频格式转化工具将视频的格式转化为H.264+AAC编码的MP4文件，幅面要求达到720*576以上，码流为0.5–1 Mbps。

（本节由上海市电教馆许哲老师提供，特此致谢！）

本章小结

MOOC，作为课程的一种类型，其开发与建设既遵循一般的课程开发规范，也有着特定的要求。本章基于课程开发的一般原理，结合上海市高中名校慕课建设的经验，分析了学校教师建设一门MOOC的步骤与方法以及学校MOOC建设项目负责人的工作事项，如进行MOOC建设的需求与基础分析；聚焦MOOC建设领域，确定MOOC建设目标；基于课程目标，合理规划学习专题；针对每个专题，整合课程内容；制作各个专题的微课；撰写推介性的课程简介和教师简介；撰写课程导学；上线开课，答疑辅导；不断进行课程的评价与修订。与此同时，本章重点探讨了MOOC建设的质量标准，如规划合理，专业性强，技术恰当，在线指导到位；就一个微视频而言，同样有专业性强，技术恰当，教学艺术性高的要求。基于此，本章也分析了当前MOOC建设常见的问题，并提出了改进的意见和建议。最后，本章和基础教育阶段的教师分享了常用的录屏式和拍摄式两种微视频制作的方法。

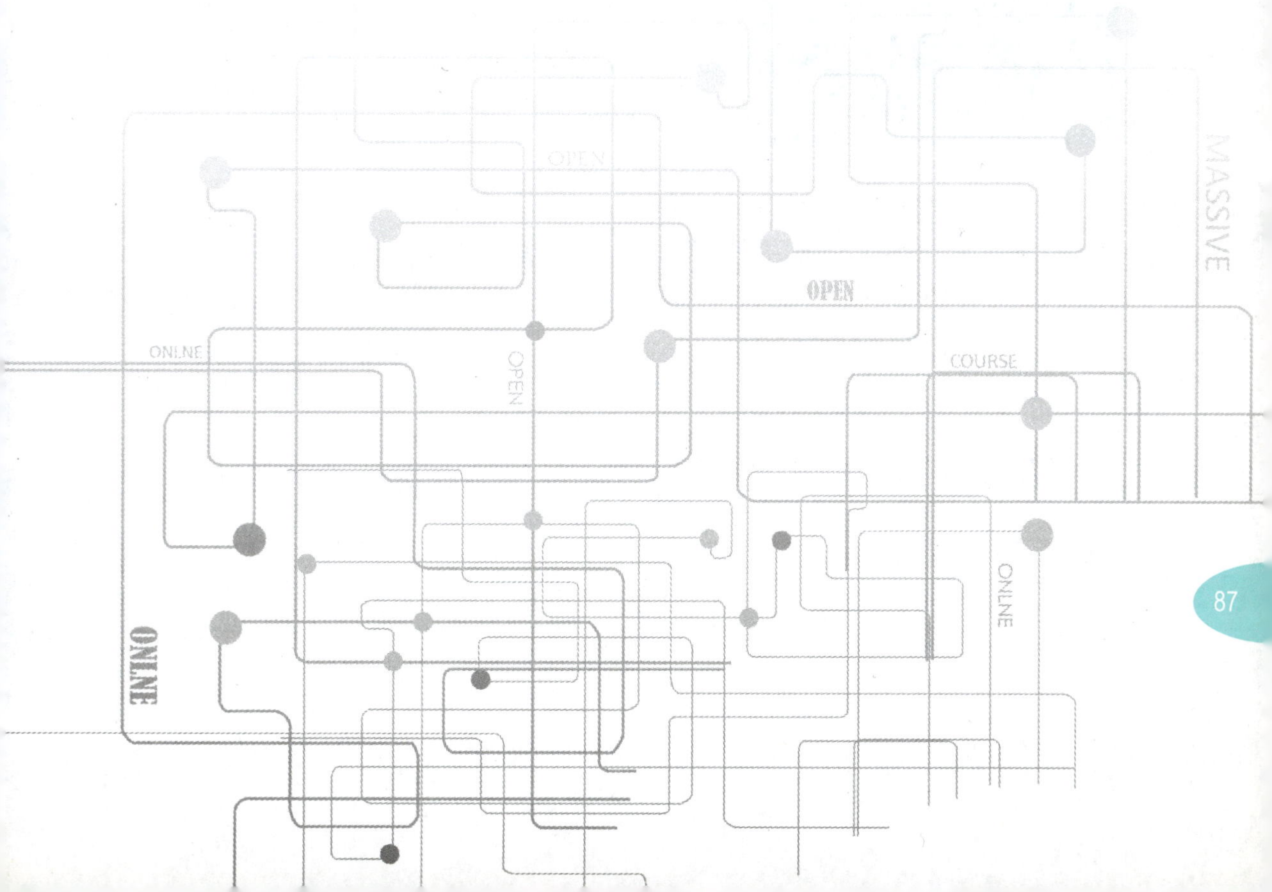

附录 1：上海市高中名校慕课建设之关于教师设置打点提问的模板

下表是一个包含问题交互的课时结构表。1 个课时对应 1 张表，教师可以根据课程具体内容对本表进行拓展。

课程交互问题

课程名称		
模块名称（章）		
课时名称（节）		
第一个打点时间		
（**时：**分：**秒）		
第一个打点提问		
（题型：选择题、填空题、问答题）		
第一个打点答案		
（第一个问题的正确答案）		
第二个打点时间		
第二个打点提问		
第二个打点答案		
……		

附录2：上海市高中名校慕课上线申请表

课程名称（中文）			
课程名称（英文）			
主讲教师	（签章）		
学　校		邮　编	
联系人		联系电话	
手　机		EMAIL	
开课时间		开放讨论周期	
学科类别	□语言文学　□数学　□社会科学　□自然科学 □技术　□体育与健身　□艺术　□综合实践　□其他		
主讲教师简介			
课程介绍	（课程的学习要求、主要内容与目标，300字以内）		
课程公告			
学习目的			
适用对象	□高中　□初中	课程	共　个模块，　分钟
学习内容			

（续表）

模块设计说明（填写各模块的主要内容与学习时间）					

模块 1 名称：

	主要内容与形式（格式）	时间
学习视频 1		
问题探讨 1		
学习视频 2		
问题探讨 2		
……		

模块 2 名称：

	主要内容与形式（格式）	时间
学习视频 1		
问题探讨 1		
学习视频 2		
问题探讨 2		
……		

拓展资源	
证书要求	
预备知识	
参考资料	
学校学术委员会意见	
学校意见	
市级专家复核意见	

第三章
MOOC 教学与管理方法

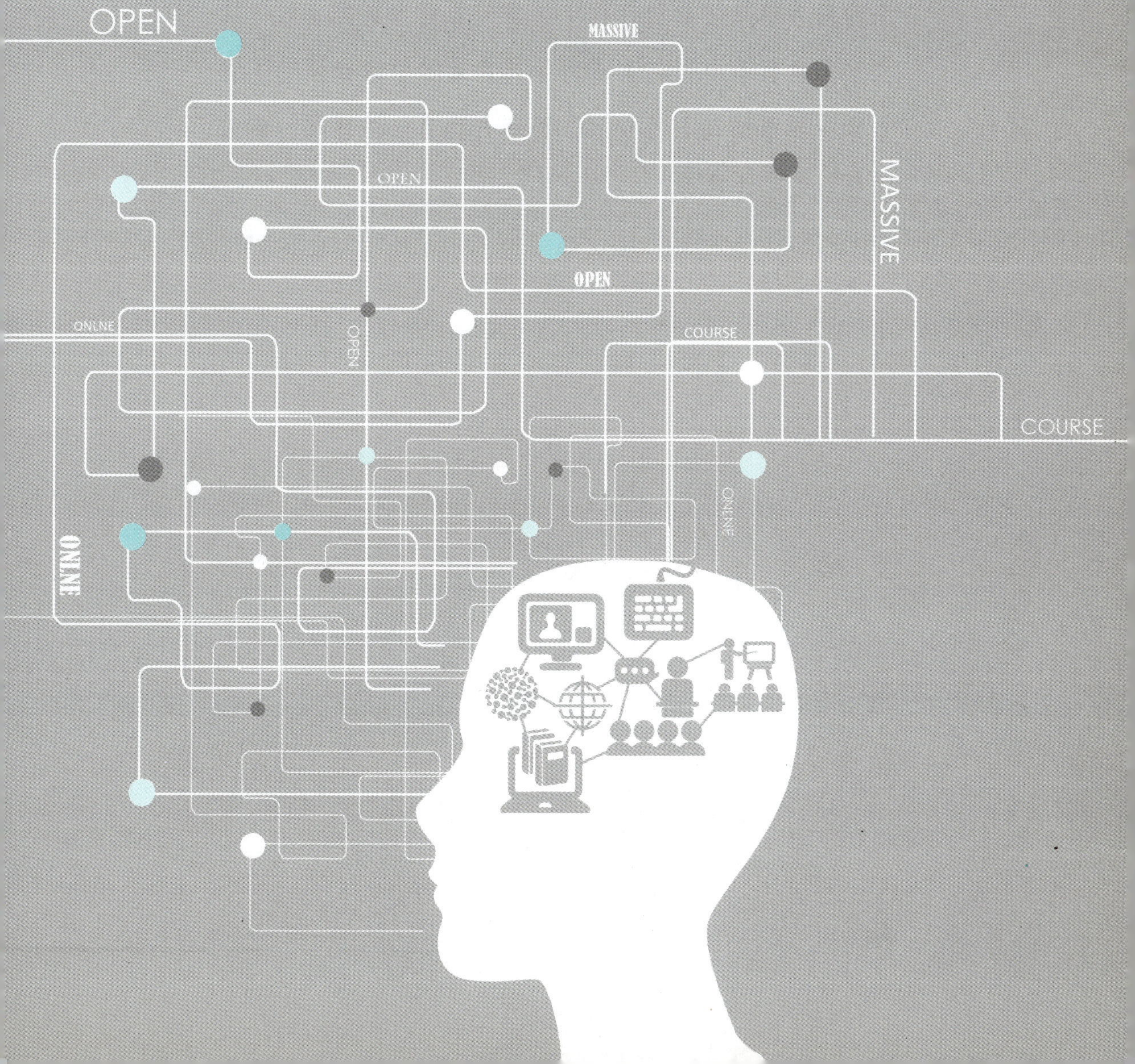

MOOC，作为伴随现代信息技术发展而出现的一种新的教与学的形式，因2011年前后世界知名大学如美国斯坦福大学、麻省理工学院的推动和实践，引起了全球教育研究者和实践者的密切关注，从高等教育界到基础教育界，研究者发表看法，实践者跃跃欲试，尝试建设本校、本人的MOOC。相关的教学实践和研究工作从来未有停止。可以说，如何更好地提升MOOC教学的成效，是对这种新生事物的热情和激情之后，所需理性思考的重要课题。不少国内外的知名学者在这个领域或多或少地发表过见解、想法，也有不少研究者进行了扎扎实实的实证研究工作。本章主要总结与分析MOOC教学方式方法的现状、成效、问题与改进建议等。

第一节　MOOC 教学的基本环节与做法

当前，有组织有计划的 MOOC 学习已经日益成为在校学生学习和成人研修的重要方式。如何加强 MOOC 的教学管理，提升 MOOC 学习成效，对教师而言，是一个全新的实践课题。本节结合上海市高中名校慕课平台教学以及上海智而仁教师 MOOC 研修平台教学过程中教学管理的经验和需要改进之处，总结分析出 MOOC 教学管理的有效方法。

一、线下 MOOC 建设时教师的“教”

教师在线下进行MOOC开发或者说MOOC建设的过程本身，就是教师“教”学实践的一部分，即组织学习内容和学习经验，尤其是录制微视频，更是教师“教”的过程。

如前文所述，教师在录制视频时的“教”需要注意如下几个方面：一是内容上无价值观偏差和科学性错误；二是讲解清楚，普通话标准，语言生动，具有亲和力，视听一致；三是教学设计目标清楚，主题聚焦，结构严谨；四是技术使用恰当，符合学科特点，适合学习对象需要，不要为技术而技术，技术使用不能喧宾夺主；五是课件的设计与呈现画面清晰，版面协调，图文并茂，录制无杂音、噪声干扰；六是要注意，视频教学是“一对一”辅导交流的风格，不是班级讲座的风格；七是不同内容的教学需要不同风格的视频呈现形式。如数学等理科教学需要强调逻辑思维的展开时，使用“可汗学院”风格的视频录制方式比较合适；如果内容讲解需要更加生动活泼的风格，则可以更多地使用动画等手段增加相应的动感；如果是概念原理的讲解，使用“录屏”的风格就可以；如果需要展示动作技能或实验操作的过程，则需要以拍摄的形式呈现整个过程。总之，要根据内容需要选择视频的呈现形式。

与此同时，教师在MOOC建设时，需要注意的是，视频只是教学的一部分资源，而不是全部。除了提供视频之外，还要给学生提供检测视频学习的检测题、思考题，以及与每个视频相对应的拓展阅读资料等。只有如此，学生的在线学习才会更加有成效。只有视频而无拓展阅读资料，不能满足那些学有余力学生的学习需求；只有视频没有检测题或思考题，就无从检测或得知学生学习的成效。

还要注意的是，如果MOOC内容是面向中小学生学习的，那么教师在选择和组织教学内容时，一个专题的学习（包括视频、习题以及拓展阅读资料等）时间也不宜过长，40分钟左右的时间即可。当然，学习能力强的学生可以用更短的时间学完，学习能力较弱的学生需要稍许再长些的时间。

持续提升教学视频的专业性、艺术性，使之更加适合在线教学的特点，更加符合新一代学生的需求，是教师在MOOC建设过程中线下组织教学的永恒追求。

二、线上开课时教师的“教”

MOOC在线开课期间，教师（可以是主讲教师、助教或者是志愿者团队）发挥着重要的教学功能。

（一）做好导学，让学生明确学什么、如何学

一般而言，MOOC的教与学，学生和教师是不见面的，那么，学生该怎么学、学到什么程度，学习过程中需要完成哪些具体的任务、需要特别注意哪些事项，就要依靠MOOC平台上的“在线导学”了。在线导学，即在MOOC教学平台上呈现的指导学生如何进行在线学习的各种要求和规定。通常而言，“在线导学”包含如下信息：学习目的是什么、学习内容有哪些、需要怎样的学习方式、学习过程中需要完成哪些学习任务、考核与结业的要求是什么等。针对每个选项，教师认真填写，使课程导学信息简洁清楚、具体明了。学生看了“课程导学”之后，就能够明白应该如何学习这门课程。

例如，上海市高中名校慕课平台上教师要填写的课程导学信息如下。

- 学习目的：即学习本课程有什么价值和意义。

- 使用对象：初中学生还是高中学生。
- 学习内容：课程涉及的主要教学内容。
- 预备知识：学习本课内容，需要做好哪些认知准备。
- 证书要求：要获得本门课程证书，需要完成哪些学习任务。
- 参考资料：本课程的参考资料有哪些。

上海市高中名校慕课平台上的课程都是面向高中或者是初中生学习的，围绕上述课程导学的几个方面，教师需认真填写，做到具体清楚，才能有效指导学生的在线学习。以往，或者是由于教师没有足够重视对“导学”项目的填写，或者是不知道该如何填写，或者是填写时不用心，平台上课程导学的信息不够清楚具体，这也是今后需要引起教师高度重视的问题。

当然，将上述课程导学的内容做成视频，即将文字呈现的信息，教师再亲自讲解一遍，录制成视频，更有利于中小学生的学习，也是非常值得倡导的做法。

上海智而仁教师研修学院在学习平台C20STEAM（www.c20steam.cn）上所开设的MOOC，包括教师研修的MOOC和学生学习的跨学科综合性的MOOC。不论哪一种形式的MOOC，都是以“学习指导单”的形式对学生和教师的在线学习进行指导。“学习指导单”的内容主要包括以下几个方面。

- 课程简介：这是一门怎样的课，课程的框架结构，学生学习过程中以及学习之后可以获得的提升与收获等。
- 价值与意义：学习本课程对于做好教育事业、服务他人和社会等可以带来的帮助。
- 目标与任务：学习本门课程应该完成的学习任务，应当达到的发展状态。
- 学习内容：各个章节的内容与主要学习要素。
- 方法建议：包括在线学习的方法建议以及线下活动的方法建议。
- 常见问题：提示学生学习过程中应注意的常见问题和困惑等。

参加研修的学生根据主讲教师所列的“学习指导单”的指导，在线学习相关课程。

（二）及时促学，提醒学生短期内要完成的任务

所谓促学，就是督促学生及时学习相关内容、完成相关学习任务等。利用学习平台、QQ群、微信、短信、邮件、电话等各种通信工具，MOOC的主讲教师或者助教或是志愿者等要及时提醒学生研修开始的时间、需要完成的研修任务、研修的截止时间，以及其他需要学生注意和重点关注的事项，便于学生及时学习相关内容、完成学习任务和要求。比如上海市高中名校慕课建设教师研修之初，研修组织方就给学员发送通知邮件和短信：尊敬的

老师，您好！首先祝您暑期愉快！很高兴看到您报名“上海市高中名校慕课建设的教师研修”项目。请您合理安排自己的时间，及时登录上海高中名校慕课建设的研修平台www.c20steam.cn。学习相关课程，以便按时保质地完成研修任务（设计一门慕课、录制一个视频）。非常感谢！若有问题请及时联系。收到请回复。祝您研修愉快！

根据提前设计的研修方案，学员在线研修期间，遇到在线答疑不能有效解决的问题，学生可以在线和本次研修承办方华东师大慕课中心进行预约，到慕课中心进行集中面授。为此，在线研修进行了一个月后，华东师大慕课中心又以短信和邮件的形式给学员发送相关信息：尊敬的老师，您好！非常感谢您在c20steam慕课平台上参加“上海市高中名校慕课建设的教师研修”。现在您可以在线预约，来华东师大慕课中心参加为期一天的“线下集中答疑”，以面对面的方式解决您学习中遇到的困惑和问题。请您及时登录平台进行预约。非常欢迎您带着问题、带着收获来到华东师大慕课中心和老师以及同伴们进行交流。非常感谢！若有问题请及时联系。收到请回复。祝您研修愉快！

在研修结束前，需要提交作业了，研修组织方再给学员发信息提醒：亲爱的老师，您好！“上海市高中名校慕课建设教师研修”即将接近尾声，9月15日将举行结业典礼。按照研修方案的规定，需要完成研修作业（设计一门慕课，录制该门课的一个视频），才算考核合格，颁发结业证书，研修计入上海市级研修的学分范围。请您（如果是团队合作，团队成员不要超过5名）于9月1日前将研修作业上传至研修平台www.c20steam.cn。如果没有及时提交研修作业，视作考核不合格，暂不颁发结业证书，暂不计入上海市级研修的学分范围。还请您百忙之中认真“设计一门慕课，录制该门课的一个视频”，上传至平台。若有问题请及时联系，非常感谢！收到请回复。祝您愉快顺利！

学生在线学习或研修期间，主讲者通过各种通讯方式尤其是能够确保学生看得到的方式，及时提醒学生应该完成的任务，这是保障学生按时保质地开展在线学习必不可少的方法，尤其是目前MOOC学习的条件还不是非常成熟，MOOC学习的氛围还有待改善的情况下，更是如此。

（三）有效引学，增强学生在线学习的成就感

有效引学是指在学习平台上，教师有效地激发学生课程学习的热情，引导学生在线的讨论与交流，指导学生学习过程中出现的疑问和困惑，以激发和维持学生在学习平台上学习的积极性、参与讨论交流的主动性和持续性等。尤其需要注意的是，学生MOOC学习时，教师仅仅把课程资源放到在线平台是不够的，教师需经常活跃在平台上，让学生感觉教师是“在场”的。学生遇到问题时有教师给予及时解答，学生发表见解时有同伴的及时回应，

可以是点赞，可以是提出质疑，可以是进一步丰富或深化对主题的讨论。这样，通过教师有效的在线引学，可以增强学生对在线学习以及在线平台的认同感、归属感，增强自己在学习平台上学习的存在感、成就感和愉悦感。比如，上海市高中名校慕课平台上，“说‘黑’”课程的张宇老师就经常活跃在讨论区内，和学生对话交流。“大家好，我是说‘黑’课程的助教，欢迎大家就课程内容本身发表评论，并且鼓励你们相互回答问题。由于问题数量巨大，助教并不能做到一一回复，见谅！”“欢迎大家持续关注本门课程，就课程内容本身进行讨论。由于问题数量巨大，尚不能做到一一回复，所以希望各位同学能够相互回答问题，并展开一定科学探讨。”“说‘黑’的八讲由于涉及了许多前沿知识、新锐科学，难免有所错误。也就像我一直强调的那样，科学探索的历程中必然需要不断怀疑，不断问为什么。真正的科学理论也都要可以被证伪。所以，欢迎大家指出我的错误。”“其实很多同学在学习过程中产生疑惑之后，都可以通过互联网查找到问题的答案，我们十分鼓励大家自主学习，相互讨论。”……

当然，学习说“黑”课程的学生讨论的积极性也很高，发言质量也高。其实，就像任何一个平台交流群中，如果该群能够持续活跃，都要有一至几位核心成员，不断地提供讨论的素材，持续地激发大家交流的热情。该核心成员就类似于MOOC学习平台中的教师，引导大家的交流讨论，答疑解惑学生的问题，激发同伴互助的热情等。

目前，对于在线平台而言，一方面存在着学生发帖不积极、讨论交流不主动的问题；另一方面也存在着学生提了问题之后，教师没有及时回应，甚至在有学生指出了课程内容的错误之处后，教师依然没有回应的现状。这部分源于教师和学生积极性的因素，部分原因在于平台的“交互”功能有待改进，用户体验有待提升。所以，这要求教师重视在线引学的过程，并能够积极参与到这个过程中来。与此同时，这对学习平台本身的“社交”功能、平台使用的便捷性与稳定性、平台使用的用户友好性等提出了较高的要求。让平台的使用更为便捷、稳定与愉悦，也是平台开发者持续的追求。

（四）营造氛围，提升在线学习的认同感、归属感与愉悦感

MOOC教与学，除了课程内容的高质量外，还要进一步增强学习平台的社交功能，如学生与课程内容的交互，学生与教师的交流，学生与同伴的交流等，提升学生在学习平台上的存在感、成就感、愉悦感，而不是让学生感觉在线学习是一个人在平台上孤单地看和听老师提供的内容，这是提升在线学习成效非常关键的要素。cMOOC的倡导者认为，学生在MOOC平台上的交流与研讨，可以不仅仅局限于特定的学习内容上，也可以是学生的生活感想、工作体验等个性化的主题，以增强MOOC平台的人性化，更好地黏住学生在平台上的

交流。这也是MOOC学习区别于以往的远程教育的一个重要表现，让在线学习成为一个自主学习、主动学习和有效交流的过程，更为凸显学生的主体性与自主性，改善学生在线学习的体验。可以说，这是在线教与学平台发展的一个重要方向。

三、基于线上学而开展线下的“教”

对于学生学习尤其是中小学生的学习而言，仅仅在线学是不够的，或者说是不充分的。线上教学固然有其优势，但是也有其无法克服的弊端；同样线下教学也有线下教学的优势和弊端。理想的情况当然是将线下的教学活动和线上的学习紧密结合起来，充分发挥二者各自的优势，规避各自的弊端。线上的学习对于事实性知识、概念性知识以及一些程序性知识的学习等都较有优势，而线下的面对面的教学场景中，师生之间可以有更多的非语言信息交流，更具有现场感，交流过程更加生动、活泼，更具情绪性、情感性。美国相关研究表明：学生线上学习和线下学习的效果是差不多的，而两种形式相结合的混合学习效果则好于其中任何一项。在线上学习的基础上，基于学生线上学习的收获、疑问和困难，教师定期组织学生参加线下的交流研讨、动手实践、基地考察、实验操作等，即翻转课堂或者翻转探究式的学习，二者结合起来的学习成效会更好。

在组织线下活动时，需要根据MOOC线上教学的内容，设计线下教学的主题以及活动形式。需要注意的是，线下教学不是重复线上的MOOC内容，而是线上教学的有机拓展、延伸和深化，是为了实现线上教学不能达到的效果，如面对面的交流研讨、操作指导、社会实践等，二者是相互补充而不是相互重复的。不同的科目在组织线下教学活动时有着不同的要求。

（一）基于文本，自主建构（人文社科类科目）

纵观课程标准对历史、地理、社会、政治等学科的规定，综合性、实践性、生活性、思想性、人文性是这些学科的共同性质；教学时，从学生生活实际出发，遵循唯物史观，注重创新意识和实践能力的培养，培养学生独立思考的习惯，鼓励学生提出自己的看法，为学生自主学习营造宽松氛围，是这些学科教学的共同要求；而关注学科教学对学生生活和终身发展的影响，提升学生的生活质量和精神境界，是这些学科教学的重要功能。在教学目标方面，这些学科尤为注重让学生掌握学科的基础知识与基本方法，培养学生的国家认同、历史使命、国际视野等综合素养。

人文社科类科目教学的重要特点是“有史（事）有论，史（事）论结合”。一方面强调对史（事）的把握，另一方面要注重在此基础上学生本人对史（事）的理解与看法。教学中，在把握和理解事实的基础上，鼓励学生发表自己的主张与见解，形成批判性思维能力。我们把上述教学思路或策略称之为“基于文本，自主建构”。“基于文本”即是一个阅读文本的过程，是信息吸取和内化的过程，强调对史（事）的了解与把握；“自主建构”则是指在此基础上学生形成自己的观点和看法的过程，是学生主动思考的过程。具体而言，学生在MOOC学习平台上，在网络信息技术的支持下，自主学习教学视频，收集与阅读资料，认真阅读文本，完成基础知识与事实的把握，回应教师提出的问题，或者是提出阅读的困惑或问题，不懂的地方可以课前先通过学习平台进行初步的讨论与交流；线下组织教学活动时，结合学生已有的收获、存在的问题，师生一起深入讨论交流，鼓励学生合理想象，大胆假设，形成并发表自己的观点与看法，进而深化对知识的理解。

（二）实验探究，鼓励发现（科学探究类科目）

针对物理、化学、生物等自然科学领域的教学，探究式教学作为一种重要的教学形式，对促进学生的主动学习，增强学习体验，发展学生的综合素养有着独特价值。然而，在传统的课堂教学模式下，常常因为课堂教学时间的限制，师生无法开展充分的探究，“所谓的探究只是作为一种陪衬，或是被用来作为上公开课的一种点缀”[1]。显然，这是非常遗憾的。随着现代信息技术的发展，充分利用互联网和大数据的便利，让学生在MOOC学习的基础上，采用翻转课堂的思路，组织学生进行更多的线下实验活动，深入实施探究式教学，则为改变上述状况提供了便利条件。

具体而言，针对上述实验性学科，学生MOOC学习的内容可以是教师引入的生活现象，实验原理和过程的讲解。学生基于教师的引导，在线自主学习相关基础知识和基本原理、实验操作应该注意的事项，并提出实验探究或项目设计的思路和想法。在这一过程中，如遇到问题，学生可以在线与同学交流，向老师和专家请教。学生课前思考这些问题、并得到答案的过程，即是学生自学的过程。这一阶段的学习，主要是在教师的引导下学生的自主学习和思考、独立提出假设和猜想的过程。

在此基础上，在线下活动中，对于学生自行提出的实验假设或项目设计方案，在课堂内面对面的情境中，师生、生生间相互激发，相互质疑，论证方案或项目设计的合理性。相较于线上的研讨，这种面对面交流研讨会更富有成效。例如，围绕“无人驾驶飞机模型”的设计项目，学生在先行学习相关知识和提出假设的基础上，向教师和其他同学呈现项目设计

1 吴志铉.十年课改路，从探究课堂到翻转课堂[J].上海教育科研，2014（8）：5–6.

的假设与实施思路，需要做的各方面的准备。针对该学生提出的假设和实施思路，师生一起讨论其合理之处与不合理之处，需要进行修改之处，现有的知识储备和材料准备是否能支撑其设计方案的实现等。在此基础上，学生再修改和完善项目方案。在课前自主学习和课内研讨交流的基础上，学生便可以尝试设计，动手实验或实践了。在探究和实践的过程中，教师要引导学生不断地进行反思和总结，发现错误及时修正，鼓励他们遇到问题时和同学、老师商量，寻找解决之道。如有需要，可以再次循环上述教学环节。这种探究式教学，既可以是一两节课就能完成的任务，也有可能需要3—5个星期才能相对完整地结束一个学习项目。在这一过程中，学生不仅收获了科学知识和技能，而且能够学会如何进行科学研究，并养成科学精神。

这里值得注意的是，中小学生进行实验探究，同样需要遵循科学实验的一般步骤，如设置问题情境，发现问题，提出假设，观察与收集证据，证实或证伪假设，得出结论。学生能够从中养成科学精神和科学态度，为后续更为深入的研究奠定良好基础。当然，相对于成人的发现和创造，在探究式教学中，对学生发现和创造过程的重视应重于对结果的重视。

（三）练习实践，分析鉴赏（艺术体育类科目）

艺术体育类学科是实践性、表现性以及综合性比较强的学科；教学过程凸显学生的探究、体验与合作。所以，一开始，不少人曾犹豫，像体育、音乐、美术、陶艺、钢琴等艺术体育类学科的教学是否可以采用线上线下相结合的形式来教学。实践表明，合理利用现代信息技术的便利，做好线上学习和线下实践的任务分工，让线上观看视频的讲解和线下的操作实践紧密结合。这同样是提升艺术体育类学科的教学成效，改善学生学习质量的重要路径。

在线的视频讲解，可以呈现的教学内容有：① 操作方法的指导。无论是体育技能的展示、书法的运笔演示，还是钢琴演奏的表演等，教师可以在线边演示、边讲解，这样的演示与讲解，借助信息技术，学生可以看得听得更为清晰，不明白的地方可以暂停、回看，可以聚焦、放大特定的动作或作品的某个地方。② 赏析的要点与方法。对于最终呈现出来的艺术作品，如何赏析，赏析时应该注意哪些事项等，教师可以在视频当中边讲解，边分析。③ 基本概念与原理的讲解。尽管艺术体育类学科基本的概念与原理比较少，但是不等于不用学习，基本概念与原理的讲解、重要史（事）的梳理等，可以在视频当中讲解，让学生在线学习。总之，一些事实性知识、程序性知识、概念性知识，是可以在视频当中进行教学的。

这样，在线上教学的基础上，师生可以有更多的时间从事线下教学。线下教学的主要优势是具有师生面对面的场景，师生之间可以进行更多非语言的交流与沟通，当面的动作技能的展示与矫正等。艺术体育类科目在线教学的优势主要体现在：① 就动作技能、实践操作的练习而言，课堂上减少教师讲解原理与注意事项的时间，学生可以有更多的实践练习与操作体验的时间，同时在练习的过程中，教师有更多的精力对学生进行个别化指导与矫正。教师更多地体现“教练”的角色。当然，视频中录制的教师动作技能的演示与讲解，也可以在师生面对面的情境中播放，学生跟着视频做动作，随时暂停，教师随时指导。诚如深圳一位美术教师所言：“以前，在八个班级中上课，一幅图我要画八遍，现在将其做成视频，省了我很多时间，就可以对学生进行更多直接的指导了。”② 就作品赏析而言，视频的学习让学生对作品有了更多的了解，同时也知晓了一些赏析基本要求；在视频教学的基础上，课堂上师生有更多交流研讨的时间。师生面对面时，学生可以有更多的时间发表自己对作品的理解、认识与感想，可以提出更深层次的问题来研讨，同伴之间也可以有更多的时间来交流，教师进行实时地点评、引导与激发。这时教师的角色就更多的是“引导者”“激发者”和“点评者”的角色。

所以，在体育艺术类的教学过程中，合理利用现代信息技术的条件，提高在线教学在知识讲解、技能展示、赏析要点等方面的教学效率，节省出更多的时间方便师生在面对面教学的场景下，教师有更针对性的辅导，学生有更多发言的机会，师生的交流研讨更深入，以更加凸显教学过程中学生的主体地位，更多地体现教师作为“教练员”“引导者”“激发者”“点评者”的角色，更好地提升艺术体育学科的教学质量和效益。

综上所述，通过提升MOOC建设的质量、组织好在线教学活动，开展好基于线上教学而展开的线下教学等，MOOC教与学的质量才会不断得以改进和完善。

第二节 提升 MOOC 教学成效的相关研究

近几年，随着 MOOC 教与学的逐步展开，围绕着提升 MOOC 学习成效的实践研究也越来越多。本节将介绍世界各国学者对 MOOC 教学设计、MOOC 教学动机及 MOOC 教学形式的研究等。

一、MOOC教学设计的研究

目前，MOOC的教学设计主要有两大形式：一种是xMOOC，一种是cMOOC。所谓xMOOC，是以内容为导向，以行为主义教学理论为基础，属于知识传递型的MOOC教学形式。学生主要通过观看教学视频学习内容，辅以在线测评、同伴互助及实践练习；而cMOOC，是以交流为导向，以建构主义、连通主义教学理论为基础，属于知识建构型的MOOC教学形式。它强调让学生运用社交软件自主学习，自主探索。围绕专题开展研讨，每1至2周探究一个专题，师生共同贡献思想[1]，更加强调学生在学习过程中的自控性与自由性。有学者曾指出MOOC教学的两种主要形式，各自有其弊端。cMOOC过于开放、不够体系化，适合于有着良好信息技术素养、并善于高度自我控制的人群；而xMOOC即

1 祝智庭.MOOC为传统教育敲响警钟[EB/OL]. [2013-10-17]. http://m.edu.cn/70/7050/20131017/20131017_7050_61786.html.

经典的网络讲座的形式，由于缺乏交互，学生的自主性与自由性不够高。

基于上述认识，芬兰开放大学发展了一种符合成人远程教育教学原则的新的MOOC学习的设计方法，即在保障知识、活动有序呈现的基础上，突出学生的主体地位，强化学生和内容的交流、和同伴的交流、和老师的交流，增强在线学习中的活动和任务，激发学生应用所学知识等。学者威尔弗·鲁本斯（Wilfred Rubens）把它总结为MOOC教学的13个关键因素：① 在线教学应对学生提供知识资源和学习活动，以增强学生的专业竞争力；② 在线教学应该让学生自主选择学习的参与程度；③ 在线教学应该让学生自主选择要参加的学习活动；④ 在线教学应该将学生以往的经验作为教学的起点和基础，在线学习的过程应该促进经验分享；⑤ 在线教学应该有交互设计，专家能够追踪学生的学习效果，并和他们交流，提供相应的支持和帮助；⑥ 在线教学过程应该有专家在场，非专业者能够和专家进行对话交流；⑦ 在线教学应该能够激发信息的提取和先前知识的应用；⑧ 在线教学应该促进学员和内容之间、学员和学员之间、学员和教师之间的交流互动；⑨ 在线教学应该能够激发学生积极参与；⑩ 在线教学应该激发他们应用所学知识到日常生活实践；⑪ 在线教学应有同步（及时）交流以提升学生的交流和参与的动机；⑫ 在线教学应对学习活动有明确规定；⑬ 在线教学应有助于提升学生的专业（科学）素养[1]。

其实，纵观这13个因素，是有机整合了xMOOC和cMOOC的优点，一方面提供结构化的知识与活动，加强教师的参与和引导；同时，又让学生有更多的自主、自由和交流。也诚如该作者所言，它是在线学习的系统性结构性和学生的自主性灵活性之间的一个平衡。

二、MOOC教学动机与学生学习方式的研究

由于MOOC学习的门槛低，任何人只要愿意，就可以免费或者花费很少的成本进行在线学习。所以，参与MOOC学习的人群是多种多样的，其动机也各有不同，除了文化上、地理上的因素之外，学生中有对学习内容感兴趣的“内在动力”驱动的学习，也有各种“外在动力”驱动的学习，比如工作需要、职场晋升等。因而学生在MOOC学习过程中的动机因素和自我控制行为各不相同。

香港大学的学者邱基福（Khe Foon Hew）以及新加坡南洋理工和技术学院的学者张荣森（Wing Sum Cheung）通过文献分析，总结了学生学习MOOC的动机、感受和困难，以及教

1 Wilfred Rubens. Improve the Learning Design of Massive Open Online Courses[J]. The Turkish Online Journal of Educational Technology, October 2014, Volume 13.

师开展MOOC教学的动机、现状和困难[1]。

- 学生注册学习MOOC主要有四方面的动机：① 学习一些新的知识或技能；② 出于对MOOC学习的好奇，想有所体验；③ 想挑战自己，看看自己是否能完成常青藤大学的课程学习任务；④ 想拿更多的证书等。学生学习MOOC的感受比较复杂，有非常满意的部分，比如像真实课堂学习一样的讲授以及有期中期末的测试等；也有非常不满意的，比如线上讨论质量不高、作业模糊以及技术操作的不便等。
- 学生在MOOC学习过程中遇到的挑战主要有六个方面：① 缺乏刺激；② 讨论主题不聚焦；③ 对于该门课程的先前知识准备不足，如有的课程需要高等数学知识；④ 课程的要求不明确以及作业内容含糊不清；⑤ 不能理解内容又无人求助；⑥ 有其他更重要的任务或更感兴趣的事情要做等。
- 教师开展MOOC教学的重要动机主要体现在三个方面：① 对MOOC教学的好奇；② 个人职业需要；③ 对社会的公益心等。
- 教师在开展MOOC教学中吸引学生学习的做法主要有：① 让课程结构更加合理；② 参与在线讨论交流；③ 给学生布置作业；④ 鼓励学生自己找到学习同伴；⑤ 创建在线学习环境；⑥ 组织学生讨论等。当然有的教师愿意参与在线交流，有的教师也不愿意参与。
- 教师在开展MOOC教学中遇到的挑战主要有四方面：① 录课时因学生不在场，教师感觉像是对着墙或空气讲；② 在线论坛上学生的讨论和回应不积极；③ 耗费巨大的时间精力；④ 难以评价学生学习成效等。

需要注意的是，该研究强调指出，决定MOOC教学质量的重要因素之一就是对学生学习的支持，即学生有问题时可以及时获得教师或者是同伴的帮助，无论是通过在线获得帮助或者是线下获得帮助均可。而当前的MOOC教学的一大弊端就是学生无法及时获得教师和同伴的有效支持。

美国休斯敦大学的董藩等（Trang Phan, Sara G. McNeil, Bernard R. Robin）学者研究了MOOC学生的在线参与模式与MOOC学习成效之间的关系。研究发现，积极的在线参与者（如及时提交作业、在论坛上发帖以及回帖等）MOOC学习的成效要好于消极的参与者（如不做作业、不在论坛上发帖）；从满意度方面而言，积极的MOOC学生往往也比消极参与者要高[2]。这也从一方

1 KheFoon Hew, Wing Sum Cheung. Students' and instructors' use of massive open online courses（MOOCs）: Motivations and challenges[J]. Educational Research Review, 2014（12）: 45–58.

2 Trang Phan, Sara G. McNeil, Bernard R. Robin. Students' patterns of engagement and course performance in a Massive Open Online Course[J]. Computers & Education 95, 2016: 36–44.

面说明MOOC教学设计时增强平台的交互性，便于学生在线交流，包括学生和教师的交流、学生之间的相互交流，以及学生和内容的交互等，有助于提升学员的MOOC学习成效，有助于提升MOOC学习的满意度。

三、混合式MOOC教学的研究

德国尤瑟夫等（Yousef，Chatti，Schroeder and Wosnitza）学者通过文献梳理，发现单纯的线上教学存在着："自上而下""教师中心""学习受控太多""集中教学"的弊端，还存在反馈交流不够及时、学生和内容的交互受限等情况，最为主要的是缺乏师生面对面的沟通和交流。为此，他们提出了线上与线下相结合的"混合式MOOC教学"模式，认为"线上线下相结合的混合教学"有利于充分整合线上教学和线下教学的优点，如不受时空限制、面对面的交流等。混合式的MOOC学习有利于促进学生中心的学习，提供及时有效的反馈评价，支持学生和学习内容之间的交互，针对不同的MOOC学习的学生进行"因材施教与帮助"等。他们通过调查研究发现，混合式MOOC教学在"多媒体使用""有效交流""合作""质量保证"等指标有较好表现；同时，在"开放性""学习路径""评价""正式学习""自主性""多样性"等指标的表现也会更好。其实，即使是认为"'在线视频教学'遇见了教育未来"的比尔·盖茨也支持将视频教学应用到混合教学的观点，他还特别强调了教师当面对学生教导沟通的重要性[1]。上述研究给了我们很大的启示，即使是信息技术日益发达和广泛使用的未来，也不能够否认师生当面交流与辅导对学生学习的重要性，因此探索线上学习和线下学习如何更为有机地整合，哪些教学活动适合在线开展，哪些教学活动适合线下开展变得尤为重要。

事实上，包括达芙妮·科勒在内的不少知名教授认为，MOOC可以为面对面的教学提供支持和帮助。美国学者玛丽娅·伊斯雷尔（Maria Joseph Israel）在综述了不少大学的实践案例后分析得出：MOOC和面对面相结合的混合教学对于提高学生的学业成绩有所帮助，但是也存在着学生不太满意的现状，这包括在线学习时不能及时得到老师的帮助和支持，减少了课堂内和老师同学面对面交流的时间等。为此，他提出了两条改进的建议：① 增加在线学习交流功能，使老师及时地给予帮助和指导；同学之间的讨论和交流不仅仅局限于学习内容，也可以多一些生活的分享等；提供更多在真实情境中交流的机会。② 从

1 Yousef A, Chatti M. Schroeder U. and Wosnitza M. A Usability Evaluation of a Blended MOOC Environment: An Experimental Case Study[J]. International Review of Research in Open and Distributed Learning, 2015, Volume 16.

事混合教学的老师要从重新思考和设计课程的结构、课堂教学的组织形式。学校也要提供相应的支持[1]。

需要注意的是，本节中提到的各国学者的研究成果和改进建议等，是产生于当地的教学实践之中，仅供我国教师参考。

1 Maria Joseph Israel. Effectiveness of Integrating MOOCs in Traditional Classrooms for Undergraduate Students[J]. International Review of Research in Open and Distributed Learning, 2015, Volume 16.

第三节　上海市高中名校慕课教学与管理方法的调研

对照国际上被认可的两大 MOOC 教学方式 cMOOC 和 xMOOC，笔者认为，上海市高中名校慕课平台上的 MOOC 教学方式属于 cMOOC 和 xMOOC 的混合教学形式，但更加接近于 xMOOC 的教学方式，即系统化的教学内容，学生围绕着课程内容进行交流研讨，教师进行在线答疑辅导和帮助支持等。MOOC 学习强调内容的结构性与系统性，学生并非是无目的地自主探索与交流。这对于基础教育阶段重视全面发展（在此基础上凸显一定的个性化学习）[1] 以及信息技术素养还不是很高的中学生学习而言，是比较理想的 MOOC 学习形式。整体而言，上海市高中名校慕课教学取得了非常良好的成效。本节通过座谈访谈、问卷调查的方法调研了上海市高中名校慕课教学管理的方法。

一、教师线下 MOOC 课程开发的主要形式与特点

（一）主要形式

目前，上海市高中名校慕课平台上的课程开发，尤其是教学视频制作这部

1 所谓的全面发展与个性发展，是相对而言的。笔者认为，在基础教育阶段，需更加重视学生的全面发展，在此基础上满足学生个性发展的需求；而在高等教育阶段或者是成年人的学习期间，首先满足学（生）员个性化学习的需求，在此前提下倡导全面素养的提升。

分，教师主要是采用了录屏式和拍摄式的方式。

1. 录屏式视频

教师准备好课件（以PPT课件为主）进行讲解，讲解的过程中，录屏软件直接通过屏幕录制视频，如华东师大二附中的《诺贝尔奖中的生命科学》《走进大上海》等。该种视频录制方式的优点是操作简便，学科教师一学就会。只要环境相对安静，教师随时随地调出课件即可进行录制。信息技术时代，使用录屏软件进行录制视频，是每一位教师应该具备的基本功。对于内容的呈现而言，由于是通过课件来呈现内容，录屏式视频比较适合基本概念与原理的讲解。

2. 拍摄式视频

教师准备好课件，进行讲解，由专门请来的摄影师来拍摄视频。上海市高中名校慕课平台上的课程多数属于这种形式，如上海交大附中的STEM课程、复旦附中以及上海中学的MOOC课程等，均属于这种形式。该种视频制作的特点是教师只负责内容的设计与讲解，不负责相关技术的操作，负担较轻。但是这种视频拍摄要请专门的技术公司来做，成本较高。此外，使用这种形式的拍摄，MOOC建设的过程中，教师的视频制作素养并没有得到相应的提升。该种视频形式比较适合动作技能的演示、实验过程的展示以及实物作品的演示等。

除了视频之外，教师线下的MOOC开发还给学生准备了相关的拓展学习资料，如参考书、网上资料等，同时也有相关的检测题供学生作答，以检验学习成效。

（二）主要特点

从学生学习的角度而言，上海市高中名校慕课平台上的课程有着如下的特点。

1. 教学设计认真，教师讲解水平高

上海市高中名校慕课平台首批上线的课程多数都是由上海市高中“四大名校”的优秀教师团队开出的MOOC，开课的不少教师是本学科的特级教师，如华东师大二附中特级教师团队、复旦附中的名师团队等，围绕一个拓展学习专题，规划合理的学习内容，各个学习主题之间逻辑性系统性强，选择的内容丰富深刻，不少内容涉及学科前沿和学科经典。教师的讲解深入浅出，形象生动，符合学生学习特点。

2. 技术使用专业，呈现形式恰当

无论是录屏式视频，还是拍摄式视频，在如何使用信息技术更好地服务于教学内容的

呈现方面，学校与教师团队花费了不少的心思，无论是声音的播放、画面的呈现、相关背景音乐的推出，相对都比较专业，不少视频如上海交大附中的视频呈现出了高大上的特点，深受学生喜欢。

3. 资源相对整合，拓展学生视野

这是应上海市教委的要求，所开发的MOOC内容不是基础性的学科课程，而是研究型和拓展型课程内容。围绕相关主题，教师进行学科内容的拓展、整合与深化，这有利于拓展学生知识视野，满足学生个性化发展的需求，弥补学生课内学习的不足。

二、教师线上组织教学辅导的主要形式与成效

上述国外的不少研究表明，MOOC上线开课后，学生在线学习时，有了问题能够及时得到教师的帮助、讨论时有教师的引导，对于激发学生在线学习的动力、提升在线学习的效果，有着重要作用。所以，MOOC上线后，教师在线的引导和帮助就成了MOOC教学的重要组成部分。上海市高中名校慕课平台的MOOC教学，也同样凸显了教师在线答疑辅导的功能。本研究通过问卷调查、座谈访谈等形式，对上海市高中名校慕课平台上教师线上教学辅导进行了相关的调研，接下来就从教师线上教学辅导的形式、取得的成效以及仍需进一步改进之处来呈现。

（一）教师对参与线上教学辅导的认识

不少教师认识到学生在线学习MOOC期间，如有教师的参与、辅导和引导，学生学习的积极主动性会更高，学习效果也会更好。教师也认为，自己如果有时间，也非常愿意参与到学生在线辅导和答疑过程中去。但是遇到的问题是，自己平日的教学工作已经非常繁忙，好不容易有个周末或假日，如果还要参与在线的答疑辅导，耽误和家人孩子相聚的时间。况且，答疑辅导不是一次两次，要持续一段时间，不少教师感到压力较大，负担较重。

（二）教师参与线上教学辅导的主要形式

目前，上海市高中名校慕课平台上，教师参与在线教学辅导的主要形式有如下几种。

1. 直接回答学生的问题

学生在学习视频的过程中，遇到不理解或是有疑问之处，直接向教师提出，教师直接给

学生提供答案或思考的方法。当然，类似这样的直接回答学生的问题，需要教师具备深厚的专业素养、宽广的知识面。即使如此，也很难保证，对学生的所有问题，教师都能够快速反应和应答。

2. 引导其他同学来回答

对于某同学提出的问题，引导、鼓励平台上的其他同学来回答或者是回应，这在一定程度上也增加了平台的活跃度，引发同学们之间的深度交流和研讨。

3. 提出特定问题

在线答疑辅导期间，教师也可以有针对性地提出特定的问题，引发平台上的同学进行讨论，教师对同学之间的讨论和交流，时不时地给予点评、点拨或者是鼓励和表扬等。这也是教师参与在线答疑辅导的重要方式。

4. 建立多元化交流平台

除了使用MOOC平台之外，还有教师和学生建立了微信群、QQ群，以便随时随地地进行交流，有时这种小范围的交流呈现出更随意、更友好、更深入的特点。

（三）教师参与线上教学辅导的成效

教师参与在线答疑辅导一方面有利于提升学生在线学习的兴趣和成效，另一方面，教师在此过程中也并非是单纯的付出，这一过程也是教师专业发展与兴趣提升的过程，诚如一位教师所言："就学科的一个内容，看到平台上有那么多的学生在争论一个问题。这个问题并没有标准答案，作为教师也不想提供标准答案，看着学生热切地讨论，我认为这本身也是激发学生学习兴趣、发展学生思维的过程，自己好感动、好开心，自己也越来越喜欢在线教学的这种形式了。"可以看出，该教师从学生在平台上深入地讨论与交流学科的问题中体验到职业的幸福与愉悦。

（四）教师线上教学辅导的有待改进之处

组织好在线的答疑辅导，需要教师和学校在如下几个方面共同努力。

1. 深化教师对参与在线教学辅导价值的认识

为进一步改善在线教学的管理，提升学生在线学习的成效，需要通过教师培训、交流研讨等方式，逐渐深化教师对在线教学辅导和管理的认识，让教师逐渐适应、并积极参与到在线答疑和辅导过程中。

2. 学校出台相关的保障措施，激发教师参与在线教学辅导的动力和持续性

比如将教师参与在线答疑辅导的工作，计入教师工作的绩效范围；或者是组织好志愿者团队参与在线答疑辅导，减轻主讲教师的负担；或者是组织好答疑团队，轮流值班，以减少单个人的工作时间等。这些都需要学校统筹考虑，整体部署。

3. 改善教师参与 MOOC 教学辅导的评价与考核

对于那些在校内的课堂教学中并不是非常突出，但是在MOOC平台的教学表现卓越的“网红”教师，比如课程受学生欢迎，辅导答疑成效又好的教师，可以考虑从学校以及教育行政部门等层面出台新的管理方法和奖励措施，鼓励教师参与在线教学的主动性和持续性。对于一些性格较为内向，平日不太善于和学生交流的教师，在线的MOOC教学或许能够为其打开新的窗口。

三、教师线下组织教学活动的主要方法与成效

在MOOC教学的基础上，组织学生线下集中，深入研讨，也是被认为有效地拓展MOOC教学的重要组成部分。因要组织学生线下集中，这样的活动当然受到地点、时间的限制。相对而言，生活在同一个城市的学生聚集起来的可能性比较大，而生活在不同城市的孩子聚集起来的可能性就比较小。所以，MOOC学习线下活动的组织需视条件许可来实施。在上海市高中名校慕课学习过程中，复旦大学附属中学组织的线下课堂活动取得了良好的成效。简介一例[1]如下。

复旦大学附属中学的政治课《高中政治模拟课程》在线上教学的同时，该校组织这些在线学习过该课程的学生来校参与校内的线下活动课堂，主讲教师和学生面对面交流。线上系统的学习，拓展了学生的视野、深化了学生对基本概念和原理的理解；来校的线下活动，直接以案例引入和分析的形式，在设置的情景中让学生运用线上学习的知识，发展学生的知识应用能力、思维能力、小组沟通与合作能力等。比如在学习《高中政治模拟课程》(相

1 该例的资料和图片均来自公众号“第一教育”上发布的现场复旦附中推出“慕课”线下版，小编“蹭”一文。http://www.wechatstyle.com/jingxuan/86622.html.

关内容有：模拟公司、模拟法庭、模拟人大、模拟联合国、模拟政协）的基础上，学生来到学校，教师设置了“海上救援行动”的任务（在一艘难民船上，有10位不同身份、年龄、性别的人，他们中有大学教授，有亿万富豪，有小学校长，有中学老师，有外科医生，有军人，有运动员，还有未走出校园的大学生，甚至还有一位怀着孕的罪犯。现在，船要沉了，我们需要马上开始救援行动）。此时，教师让学生组成五个小组，每组20人左右。小组同学积极行动起来，模拟救援现场，紧急磋商到底该先救谁，提出救援方案。规定时间内，形不成统一的救援方案，视为救援失败。整堂课在紧张的协商、交流中度过。来参加活动的初三同学小王觉得这样的政治课非常有意思：“过程中觉得很紧张。虽然我不同意救其中的一个人，但是时间紧迫，为了让行动成功，我还是服从了大多数人。这个过程真的让我感受到每个人的价值判断是不同的，有时候要作出必要的让步。”

该门课程的负责人之一英樱老师介绍说：“这个任务的目的是让大家能够体会到：不同的主体，不同的思维方式，不同的决策模式和实施过程，会产生价值矛盾与冲突，这是常见的社会生活现象。希望在该过程中培养学生发现问题、提出问题和分析问题的能力。”

图3-1　各小组学生在磋商海上救援方案

与此同时，复旦大学附属中学的数学课《数学思维方法》、语文课《中国人》等MOOC学习，教师也都组织了类似的线下教学活动，成效良好，深得学生喜欢。

如何让MOOC教学更加适合国内的基础教育领域，改善目前班级授课制背景下学生学习的个性化、自主性的问题，并进一步推动国内教育公平，提升教育质量，是一项刚刚开始而又任重道远的工作，希冀越来越多的实践者和研究者积极探索，不断总结，交流分享。

本章小结

MOOC如何教、如何管，当前还比较缺乏成熟的经验。本章基于当前国内外学者MOOC教学管理的实践现状和研究成果，结合上海市高中名校慕课平台上开展的MOOC教学管理的基本方法，重点分析了MOOC在三个阶段教学与管理的基本方法。第一阶段，是MOOC开发阶段教师教学管理的方法。其实，MOOC开发阶段，如教师视频录制的过程、给学生选择与推荐拓展资源的过程、提出思考性问题的过程，这本身就是教师组织教学的过程，这时教师就要考虑怎样的呈现方式更加符合内容本身的需要，更加符合学生的学习与接收特点。第二阶段，MOOC在线开课期间教师的教学管理方法。MOOC的教学，不是仅仅把内容放到平台上即可，而是需要有教师对学生MOOC学习的支持与帮助，这就离不开教师在线的答疑和辅导，及时回答或者是回应学生提出的问题，引导学生在线讨论与交流等，增强学生在平台上学习的存在感，增强在线学习的认同感和归属感。第三阶段，学生MOOC学习后，教师是如何开展线下的教学活动的。对基础教育阶段的学生而言，一定程度上，无论何种课程，单纯的在线学习是不充分的，学生在线学了之后，不同学科的教师该如何组织线下的活动，也是MOOC教学不得不考虑的一个重要环节。本章分析了人文社科类的学科、自然科学的学科以及艺术体育类学科应该如何开展基于MOOC学习的线下活动。

第四章
MOOC 数据的挖掘与分析

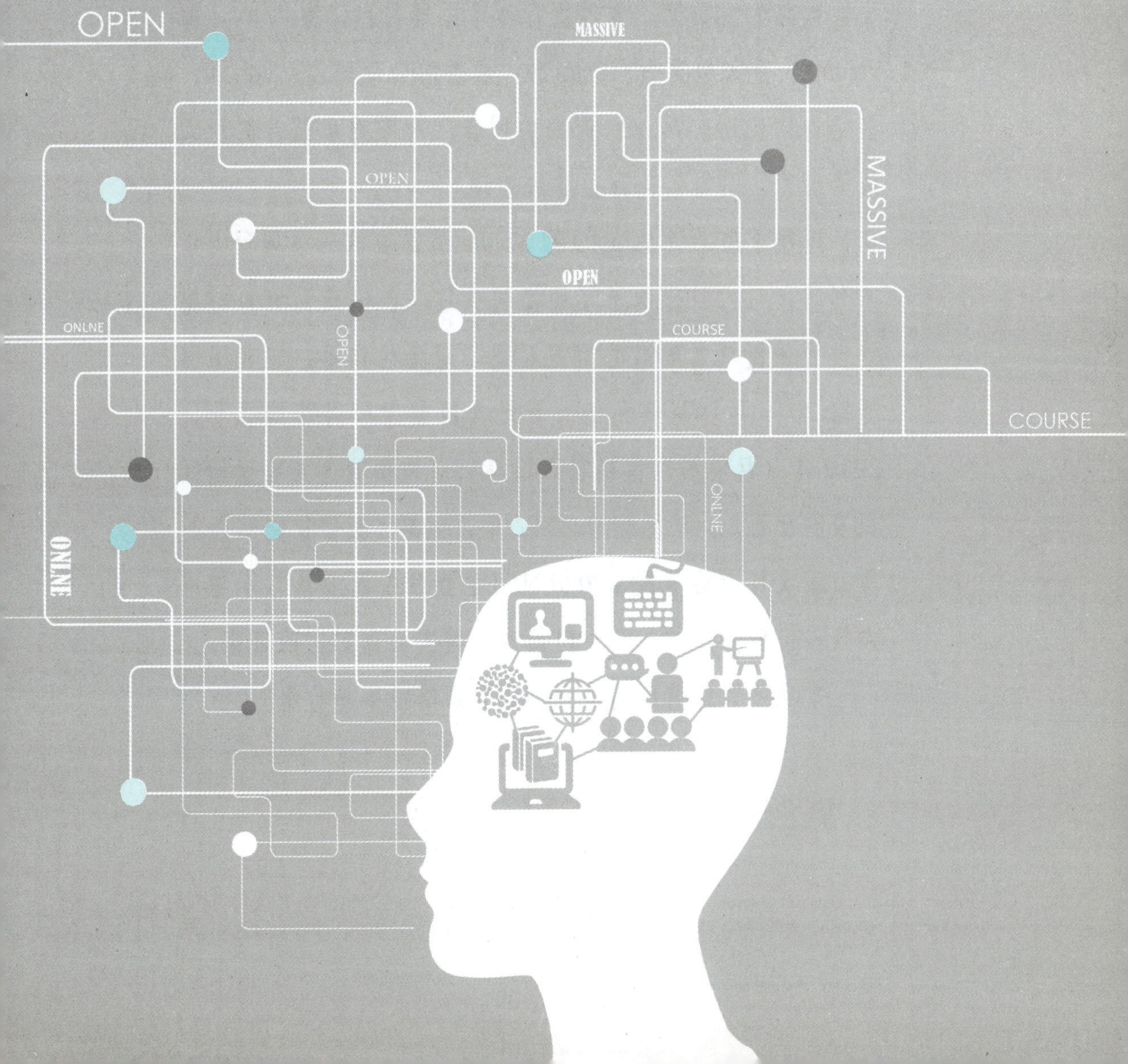

随着社会的进步，信息科技与通信技术的发展以及与此相关联的各类基础设施的完善，世界数据呈现爆炸式增长。2014 年，国际数据咨询公司（International Data Corporation, IDC）公开表示，全球在过去几年新增的数据量是之前人类有史以来全部数据量的总和，并预计到 2020 年，全球产生的数据量总和将达到 40 ZB（ZB， Zettabyte，十万亿亿字节）左右[1]。这些庞大数据中的绝大部分都是不精准且非结构化的，难以通过传统方式去处理，我们将这类数据称为大数据。大数据有 4 个主要特点，称作 4V，即 Volume：巨大数据量；Velocity：极性的处理速度；Variety：多结构化数据；Value：庞大的财富。大数据中蕴含的巨大潜能价值，引发了各行各业的关注。

近些年来，以 *Science* 和 *Nature* 为代表的一系列顶尖学术刊物，对大数据给予了极高的关注。各国政商界也对推动世界范围对大数据的重视起到了直接的作用，如我国国务院 2015 年 8 月颁布的《促进大数据发展行动纲要》，2012 年 3 月美国白宫科技政策办公室发布的《大数据研究和发展计划》，法国政府 2012 年颁布的《数字化路线图》等政策文件。许多国家的政府和企业联合起来致力于推进大数据价值的开发，这一切都宣告着大数据时代的来临。

本章我们将重点描述 MOOC 数据的挖掘与分析。

1 Antony Adshead. Data Set to Grow 10-fold by 2020 as Internet of Things Takes off[EB/OL]. [2014-04-09]. http：//www.computerweekly.com/news/2240217788/Data-set-to-grow-10-fold-by-2020-as-internet-of-things-takes-off.

第一节 数据挖掘技术概述

数据中存在着丰富的信息，人们对这些信息的需求和探索推动了数据挖掘技术的产生与发展，并日渐形成了完整的数据挖掘体系。梳理数据挖掘的内涵信息，对于从整体上把握当代大数据挖掘议题并深入研究相关话题具有重要价值。

一、数据挖掘的概念与发展

大数据时代的来临使得以互联网为基础的行业产生了海量的数据，诸如一分钟之内，搜索引擎中百万条的搜索记录；十几秒，购物网站超1亿的成交量；热点事件，社交平台转发动辄十几万的评论点赞量等，都是庞大数据的体现。以我国某著名电子商务网站的大数据为例，统计分析了一个星期之内的女式连衣裙商品买卖状况，从搜索词、热门地区、年龄阶段占比、性别占比等各个角度较为全面的说明了购物者的情况，如图4−1、图4−2所示。

不仅是互联网行业，大数据的影响力已经辐射到传统行业，影响到生活的方方面面，并向新的领域拓展。它不只是正在发生的大事件，也是将要发生的大事件，在预测事物未来发展方面有着前瞻性作用。例如2014年美国经济学家大卫·罗斯柴尔德（David Rothschild）曾利用大数据成功预测出奥斯卡24个奖项中的21个[1]。

1 奥斯卡金像奖24奖项，微软大数据成功预测21个[EB/OL]. [2014−03−04]. http://tech.ifeng.com/internet/detail_2014_03/04/34388282_0.shtml.

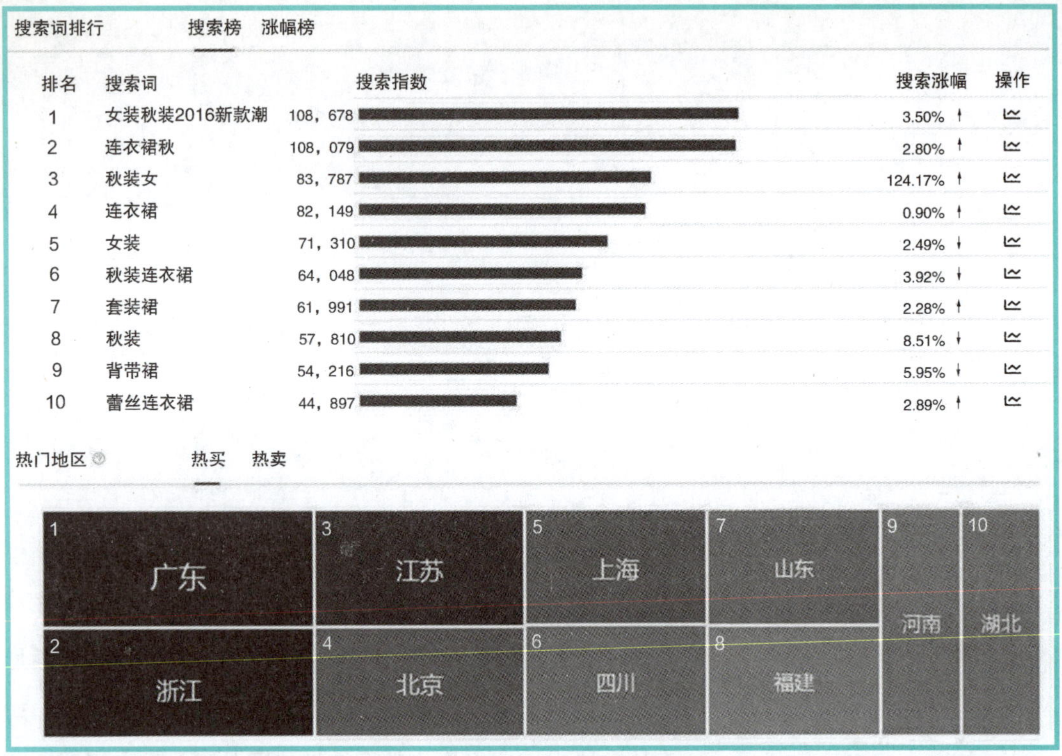

图 4–1 电商购物平台连衣裙热门搜索词与热买地区图

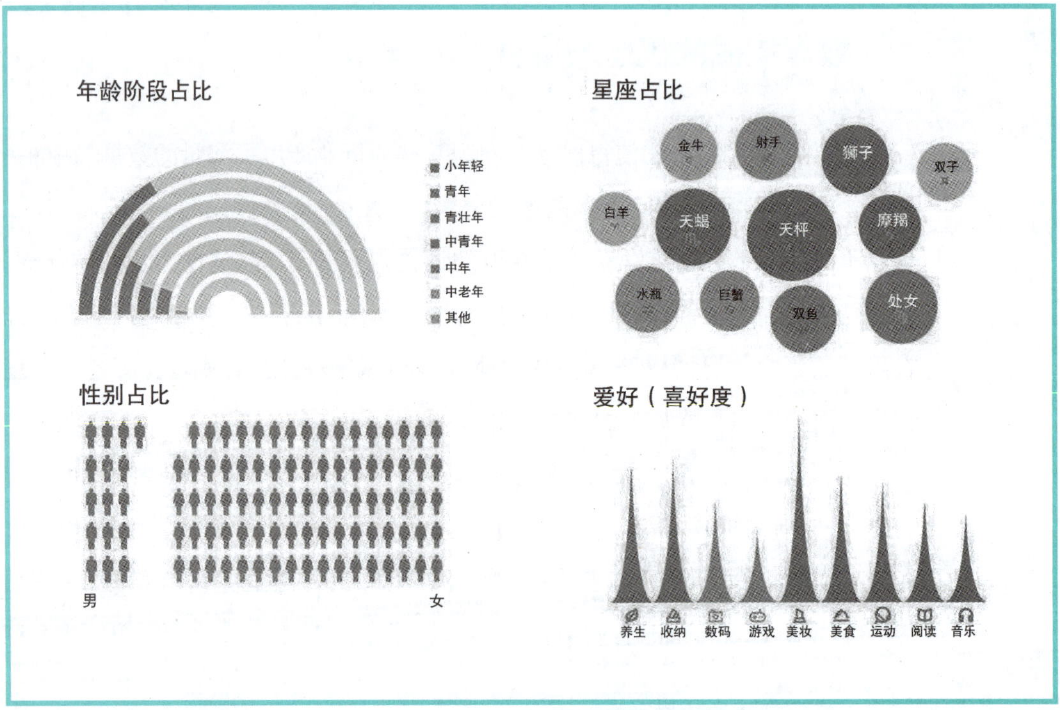

图 4–2 电商购物平台连衣裙买家分析图

有统计显示，全球七大重点领域内（教育、交通、消费、电力、能源、健康以及金融），大数据的应用价值预计在32 200—53 900亿美元之间[1]。但大数据体量大、类型多、数据提纯复杂，如何从如此规模的数据中获取所需要的内容，这无疑大大增加了工作内容的复杂性。为了提高处理问题的效率以及从大数据中获取有价值的信息，开发大数据的价值，数据挖掘（Data Mining）的重要性得到凸显。

数据挖掘，更普遍的说法应是从数据中挖掘知识，通常与KDD（Knowledge Discovery in Database，基于数据库的知识发现）联系在一起。实际上，从20世纪80年代产生这一概念以来，跟随时代的需要，来自不同领域的专家学者们都致力于在各自的领域中对数据挖掘进行研究，使得数据挖掘概念与技术获得了长足的发展。目前国际上每年都会召开以它为主题的会议，沟通交流成果。如SIGKDD（数据挖掘及知识发现会议）、SIGMOD（数据管理国际会议）、VLDB（超大型数据库）、ICDE（数据工程国际会议）、ICDM（数据挖掘国际会议）、EDBT（拓展数据库技术国际会议）等诸多国际会议组织，这些众多的组织以及它们一系列有着广泛影响力的会议成果，无一不彰显着数据挖掘这一领域所受到的世界关注。

本书中，我们将数据挖掘的概念定义为：从海量的、繁杂的、随机的实际应用数据中，提取隐含在其中的未知的或验证已知的但又是潜在有用的知识和规律的过程。

数据挖掘的功能总体而言可以理解为两点。

（一）提取未知的知识和规律

自人类诞生以来为了更加了解自己，更加了解这个世界而深入研究，乐此不疲。在没有“大数据”以前，人们只能通过手工处理、样本推测的方法对事物的规律进行猜想。当有了计算机这种新型数据处理媒介，大数据就突显出前所未有的价值。

大数据的魅力在于为我们提供了一种新的探知未知领域的方式，我们不会因为固有的一些思路，而忽视新的见解。大数据的挖掘将我们预想不到的相关性结果直接呈现在我们的面前。例如有学者通过问卷调查发现，教师的个人魅力，和学生的学习成绩有很大的相关性。因此，如何让学生喜欢上自己，也不失为一个提高学生学业质量的好方法。

（二）验证已知的知识和规律

人们通过理论基础会推断出一些结论，或是通过主观看法得出一些判断。在以往，人

---

1 “十三五”数据中国建设蓄势待发[EB/OL]. [2016-05-06]. http：//www.ocn.com.cn/us/shujuzhongguo.html#block3.

们对这些结论争执不休，而如今，通过大数据的挖掘，也许就能够得出用事实数据证明的答案。套用一句伟人的话："没有调查研究，就没有发言权。"那么，我们也可以说：没有大数据验证，就没有相关性。

这些数据挖掘是对已经意识到事物之间可能有关联而做的验证。鉴于此，近年来关于人类健康的重要话题"转基因食物究竟对人体是否有害"的争议，也许某一天能用大数据来寻找出答案。

数据挖掘迎合了当今社会日益增长的数据分析的需要，尤其是在政府机构、科研部门、商业、公共事业等领域中的需求明显增加。作为通用的技术，它可以应用在任何对目标有用的各种类型的数据上，创造潜力巨大的价值，同时也是现代信息技术更加进步的体现。

二、数据挖掘的过程与方法

数据挖掘经过几十年的发展，不断地探索和调整，形成了较为完整的数据挖掘体系，为不同的挖掘目的服务。

（一）数据采集

数据挖掘自然少不了数据。挖掘的数据来源类型主要可分为三大类：即数据库数据、数据仓库、事务数据，另外还含有其他类型的一些数据[1]，如表4–1所示。

表4–1　数据挖掘的数据来源分类

数据类型	含义	应用举例
数据库数据	以一定方式存储在一起的内部相关数据，可供专用软件管理和存取数据。	如某学校学生管理系统中的数据
数据仓库	从多个数据源收集的信息存储库，数据围绕主题组织，通常汇总历史数据，为决策制定提供支持。	如国家电网数据中心平台
事务数据	为某个程序创建的特定数据库中的数据，一个事务一条数据，帮助人们执行活动，着眼点在现在，更新迅速。	如顾客的一次购物数据、一次网上订票的数据

其他类型数据包括时间相关序列数据（如历史记录）、数据流（如视频监控）、空间数据（如地图）、工程设计数据（如建筑数据）、超文本和多媒体数据等等。由此可见，数据挖掘的

1 Han Jia Wei, Kamber Micheline, Pei Jian. 数据挖掘：概念与技术（原书第3版）[M]. 北京：机械工业出版社，2012.

数据源类型多种多样，是蕴含丰富内容的宝库，但类型的多样性带来的操作复杂性同时也为数据挖掘提出了许多的挑战。

（二）数据预处理

由于采集的原始数据中无意义的成分很多，数据来源结构复杂，不同的系统间也存在着不同的标准，加上系统设计存在的不合理性，时常出现系统数据的重复、冗余和不完整导致大量模糊信息的现象。而这阻碍了数据挖掘的针对性和准确性，影响数据挖掘的执行效率，不利于挖掘目标的达成。因此，对原有数据进行有效的处理也就是数据挖掘之前的数据预处理工作很有必要，已经成为数据挖掘中的重要一环。

数据预处理即是在数据挖掘任务前对原始数据所做的处理，将原始数据转化为适用于数据挖掘的数据。数据预处理为进一步的数据分析做准备，提高数据挖掘的效率和质量。通常而言，数据预处理一般按照以下四个步骤：数据选取、数据表属性一致化、数据清理、数据离散化（数据归约）[1]。

数据选取是在原始数据库中选取与任务相关的数据表项，通过对数据的筛选有效地利用资源。数据选取的方式一般通过事先编制好的程序来进行选择，在数据仓库的基础上进行选取会让操作更为便捷。数据表属性一致化是指根据挖掘的需求把不同呈现的样式的数据用统一的标准重新表示，方便数据挖掘人员对于挖掘对象有清晰的认识。数据清理是指填补空缺的数据、处理错误数据、消除噪声数据、去除孤立点，以此改善待挖掘数据的质量，提高挖掘的信度。数据离散化（数据归约）是指将待挖掘数据进行更深一步规模上的处理在保留数据完整性的前提下缩小处理的规模，达到提高数据处理效率的效果。主要包括元组归约（连续属性离散化与概念分层）和属性的归约。

数据预处理的过程是数据挖掘的整个流程中非常重要的一环，通过数据预处理，为数据挖掘的顺利进行开辟了道路，也是高效率地完成数据挖掘的前提和基础，关系到数据挖掘的成功与否。

（三）数据挖掘的技术与方法

数据挖掘技术同统计学、聚类分析与模式识别、决策树分类技术、人工神经网络和遗传基因算法、规则归纳、可视化技术等技术领域息息相关，将它们吸纳于自身的发展中，达成数据挖掘的目的。

1 菅志刚，金旭. 数据挖掘中数据预处理的研究与实现[J]. 计算机应用研究，2004（7）：117–118.

1. 数据挖掘技术

统计学中所使用的方法在数据挖掘中是收集、分析并解释数据，是最基本的数据挖掘技术。通过建立基于数学函数的统计模型，对目标进行汇总、描述以及预测，也能够应用在验证数据挖掘的结果上，在大型的统计应用中具有很大挑战性。

聚类分析与模式识别则是根据事物的特征对其进行分类，即聚类，利用数学方法对数据样本进行差异性和相似性的区分，根据亲疏关系进行聚类，并从聚集的类别中发现在事物之间的规律和典型模式，是当代分类学与多元分析的结合，直观的呈现出分析结果。

决策树分类技术是由于分析决策或事件时会产生多个结果，这些分析形成的不同的结果如果绘制出来就像树的枝干一般，用树形的结构来呈现分类和决策的结果，并从中发现规律。

人工神经网络和遗传基因算法在几十年的研究过程中经过高潮和低谷而今又重新处于研究的前沿热点领域中，通过计算机模拟人类大脑的特性，这种仿生学的研究在人工智能、计算机科学、认知科学等方面的应用前景被看好，对于客观规律的定量描述和网络设计编码在数据挖掘中也有帮助作用。

规则归纳即是指在数据挖掘过程中提取形式规则，搜索和挖掘以往未知的规律。可视化技术是数据挖掘结果的呈现方式，通过图片、图像、表格、动画等不同的形式便于挖掘结果的理解，指引后续的操作。

2. 数据挖掘常用方法

数据挖掘的方法按照不同的分类规则有着不同的挖掘方法的分类。根据挖掘任务可分为分类或预测模型发现、数据总结、聚类、关联规则发现、序列模式发现、依赖关系或依赖模型发现、异常和趋势发现等挖掘方法；根据挖掘对象可分为关系数据库、面向对象数据库、空间数据库、时态数据库、文本数据源、多媒体数据库、异质数据库、遗产数据库等挖掘方法；根据挖掘方式，可粗分为机器学习、统计、神经网络和数据库4种挖掘方法[1]。

本文中，我们选择较为详细的从挖掘任务的角度来讲述数据挖掘的主要方法，如表4–2所示。

表4–2　按挖掘任务分类的挖掘方法

名称	含义	操作举例
分类或预测模型发现	是数据挖掘中最常见的学习技术。它旨在从预先标注有类别信息的数据中学得一种分类函数（也被称为分类	例如，根据学习习惯，预测哪些学生可能在课程的学习过程中半途而废，在关键的阶段介入，系统推送一些引导

1　张文宇，贾嵘.数据挖掘与粗糙集方法[M].西安：西安电子科技大学出版社，2007.

（续表）

名称	含义	操作举例
分类或预测模型发现	器）。然后将该分类器应用在未知类别信息的数据中，从而将它们分到各自的类中。分类技术中，将要分成的类的个数和类别是已知的。	学习的策略，使学生继续坚持下去。再如，根据学生的类型调查，推断学生可能会对哪方面的学习感兴趣，并且擅长这方面的学习，系统给每个学生推送个性化的学习课程组合。
数据总结	数据总结是对数据进行概括，给出它的紧凑描述。传统的数据总结方法是计算出数据库的各个字段上的求和值、平均值、方差值等统计值，或者用直方图、饼图等图形方式表示。数据挖掘则主要从数据泛化的角度来讨论数据总结。数据泛化是一个从相对低层概念到更高层概念且对数据库中与任务相关的大量数据进行抽象概述的一个分析过程。由于数据库上的数据或对象所包含的信息总是最原始、最基本的信息（这是为了不遗漏任何可能有用的数据信息）。人们有时希望能从较高层次的视图上处理或浏览数据，因此需要对数据进行不同层次上的泛化以适应各种查询要求。	数据总结常体现在数据分析里诸如求和、总计、平均、最值这类操作，为达到节省计算量，便于使用的目的，常将汇集操作结果预先计算并存储起来，使用OLAP（联机分析处理）这样的多维数据分析方法进行数据总结，对用户感兴趣的数据视图进行泛化，接着在此基础上生成用户所需知识。多维数据分析技术在IBM等公司的决策分析系统中得到了广泛应用。
聚类	聚类分析就是将一组物理或抽象对象，分组为类似对象组成的多个簇，在同一个簇中的对象彼此相似，不同簇中的对象彼此相异。	目前，聚类分析已经广泛地应用于模式识别，数据分析，图像处理，市场分析、生物学、Web文档分类以及市场研究等。直观地解释，就是“物以类聚，人以群分”，主要是针对分类处理数据的一种方法。例如根据学生的学习数据，将学生归为不同的群，并将不同群的学习特征刻画出来，再根据不同的群指定相应的学习方案。
关联规则发现	关联规则发现是数据挖掘方法中的一个很重要的类型。顾名思义，它是从数据背后发现事物之间可能存在的关联或者联系。关联规则就是描述在一个事务中物品之间同时出现的规律的知识模式。更确切地说，关联规则通过量化的数字描述事务甲的出现对事务乙的出现有多大的影响。	关联规则发现的挖掘过程一般分两步走：第一步是找出所有的大于等于最小支持度的所有项集，即频繁项集；第二步是找出最小支持度和最小可信度的关联规则。

（续表）

名称	含义	操作举例
关联规则发现	在关联规则发现的挖掘过程中有两个概念是需要说明的：支持度和可信度。支持度是指W中有x%的概率事务A和事务B同时发生，那么就说x%是关联规则A→B的支持度；可信度是指事务A发生了以后，有y% 的事务B也同时发生了，那么就说y%是关联规则A→B的可信度。要注意选取恰当的最小支持度和最小可信度。数据挖掘工具能够发现满足条件的关联规则，但它不能判定关联规则的实际意义。	关联规则发现可应用在群体兴趣挖掘中。先从用户社区的聚类中发掘群体兴趣，从候选的关联规则中利用选用关联规则算法，得到所需的有效兴趣规则。 在教育中，对关联规则的理解需要熟悉学习理论背景，丰富的教学经验对数据有足够的理解，需要根据学习理论、教学经验，从各个角度判断这是一个偶然现象或有其内在的合理性。
序列模式发现	序列模式发现的数据挖掘方法一般是指相对时间或者其他顺序出现的序列的高频率子序列的发现。最初用以发现商品交易中用户购买的规律。 该数据挖掘方法的一般步骤如下。 （1）排序阶段：将原始的数据库按照某种排序转换成序列数据库，例如时间顺序。 （2）发现频繁项集阶段：找出所有的频繁的项集，同时得到大项集的组合。实际操作中，经常将大项集被映射成连续的整数。 （3）转换阶段：在寻找序列模式的过程中，要不断地检测一个给定的大序列集合是否包含于一个客户序列中。为了使这个过程尽量地快，转换阶段就是将每条记录被所包含的所有最大项目集所取代。如果一条交易不包含任何大项集，在转换完成的序列中它不会被保留。 （4）序列阶段：利用转换后的数据库寻找频繁的序列，即大序列。 （5）选最大阶段：在大序列集中找出最长序列。	序列模式发现可应用在计算机恶意软件代码的漏洞检测中，因为恶意行为的会有某些共同的行为特征，因此，通过数据挖掘中序列模式发现来发觉恶意行为是有其实现可能性。 基于序列模式发现的恶意行为检测结果如下：（1）将恶意软件样本和正常软件样本通过反汇编生成汇编指令序列，对汇编指令序列进行预处理分别生成恶意指令序列样本集和正常指令序列样本集。（2）从恶意指令序列样本集开始处理，发现该样本集中存在的满足支持度1的指令序列模式集合，将该序列模式集合应用到正常指令样本集中，去除在正常指令样本集中存在且满足支持度2的代码模式，剩余的序列模式可视作恶意行为模式，用于预测未知程序中是否存在恶意行为。[1]

1 王新志，孙乐昌，张旻，陈韬．基于序列模式发现的恶意行为检测方法[J]．计算机工程，2011（24）：1–3.

（续表）

名称	含义	操作举例
依赖关系或依赖模型发现	依赖关系是指事件、活动之间存在的优先顺序及事件、活动发生的次序相关性。如果某一件事完成是另一件事开始的先决条件，我们称后一件事依赖于前一件事。依赖关系主要包括时序依赖关系和资源依赖关系。在项目中，如果能降低工作单元之间的依赖关系，就能提高工作单元的并发度，缩短项目执行事件，理论上具有提高效率的作用。鉴于此，依赖关系模型的建立很有必要。	在OPM模型（The Open Provenance Model，数据起源开放模型）中会应用到依赖关系或依赖模型发现，通过分析模型，展现数据中的因果依赖关系。
异常和趋势发现	异常模式指那些在考察窗口中模式的特征强度值和相对于参考窗口中模型特征强度值的比率大于（或小于）设定阈值的模式集合。[1] 异常模式的挖掘是属于数据挖掘中一个重要的分支，基于动态数据流的异常模式的挖掘相较于稳定不变的模式有着广泛的现实意义，可以帮助数据挖掘需求方更快地监测到异常数据，做出相应的决策。	运用时需提出异常模式的求解算法，定义问题，设定特征强度与强度比率参数提取异常模式。在异常模式的挖掘的基础上可作出趋势预测，趋势分析的目的就是从当前滑动窗口对应的所有时序模式中，选出具有明显趋势的模式，以对应的时间为自变量，以滑动窗口中每个基本窗口对应的支持度计数组成的序列为因变量，对选定的某一类型的函数做回归分析。

（四）数据挖掘结果呈现

数据挖掘与分析后的结果一般通过数据可视化的方式呈现。可视不只是让人看见，数据的可视化更多是便于人的理解。人从外界获得的种种信息中，图是最能直观的传达内涵的载体。通过可视化的方式，我们可以更直观地找出我们想要寻求的问题答案，帮助我们找出隐藏在各种交叉数据中的关系、趋势与偏差，发现数据中隐藏的知识与规律。可视化分析涉及意义建构、人机交互分析、分布式认知等理论，在大数据分析中扮演着尤为重要的角色，也尤其适用于复杂的数据挖掘领域。

更加细化的来分类，应用在大数据分析的可视化技术主要包括文本可视化、网络（图）可视化、时空数据可视化、多维数据可视化等。

1 宋国杰，唐世渭，杨冬青，王腾蛟．数据流中异常模式的提取与趋势监测[J]．计算机研究与发展，2004(10)：1754–1759.

文本可视化是将人们日常生活中常见的文本信息中所蕴含的语义信息（如词频）等信息以视觉符号的形式表现出来。抽取文本中的特征，以合适的视觉编码和呈现方式达成可视化映射。TextArc 是一种文本可视化工具，其应用如图 4–3 所示。

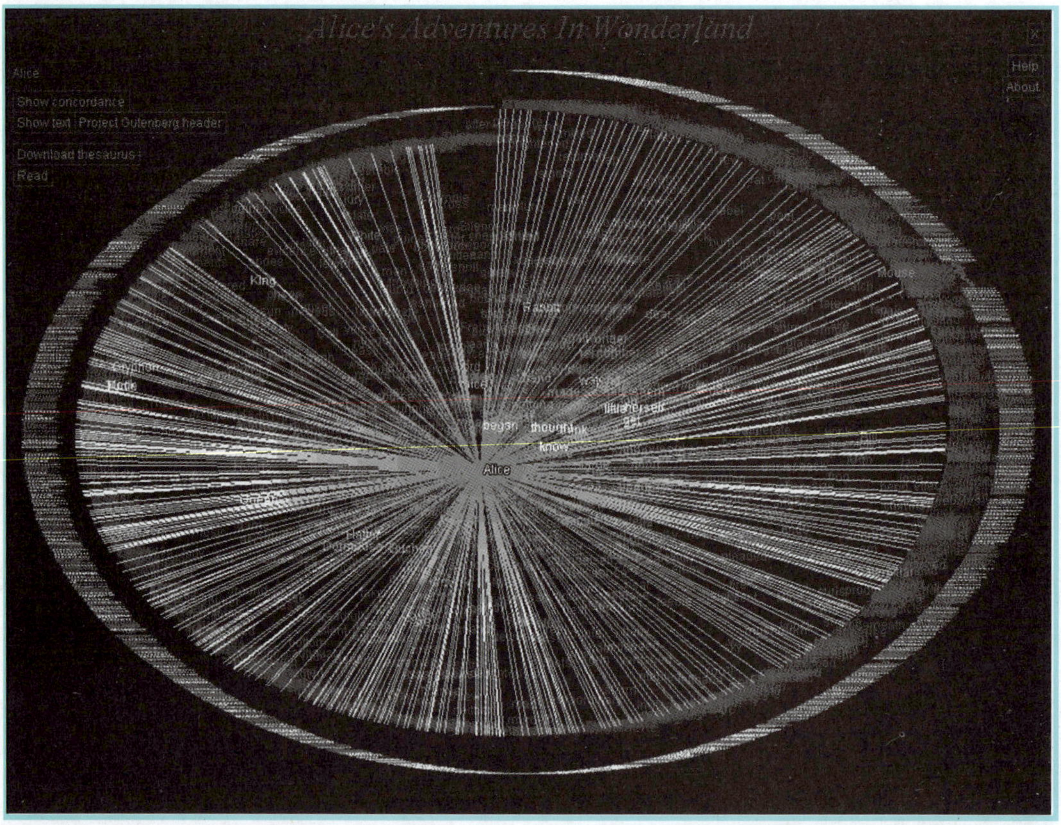

图 4–3　TextArc 文本可视化工具——《爱丽丝漫游仙境》文本的可视化[1]

网络（图）可视化指的是通过各类图示展现数据之间复杂的关系，是数据可视化中一个重要方面，包括社交网、互联网络、合作网络等，呈现方式多为树图、节点链接图、网状图。示例如图 4–4 所示。

时空数据可视化同动态多维空间数据紧密相连，通过点、线、面等要素组成呈现空间维度中的信息对象，与地理学息息相关，对时间与空间中行为对象的种种变化进行模式与规律的展示。流式地图（Flow Map）是时空数据可视化的典型应用。

多维数据可视化涉及几何、认知、评价等问题，是对具有多个维度的数据变量的分布规律与模式的属性与关系的探索。其中，空间三维图形、颜色图、亮度、数学方法是构成多维

1　http：//www.textarc.org/Stills.html.

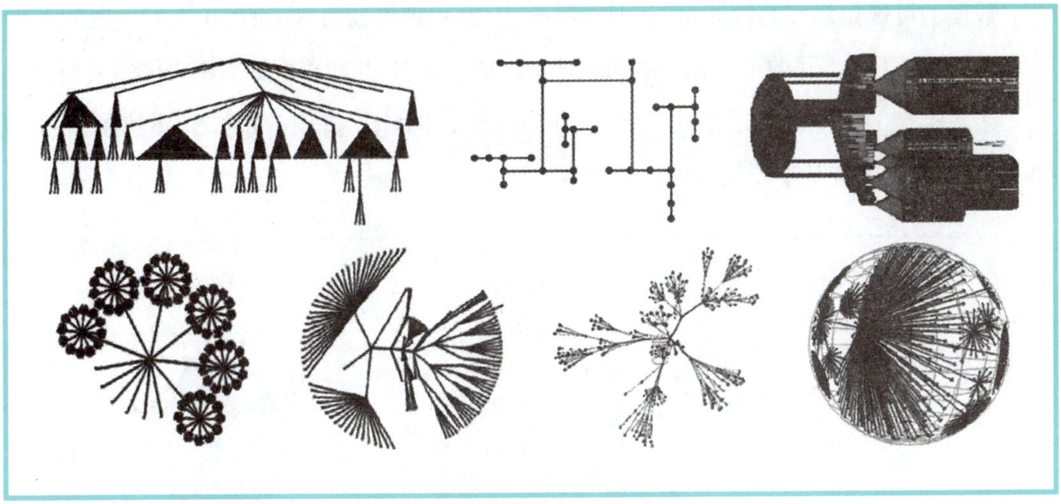

图 4–4　基于节点连接的图和树可视化方法[1]

数据可视化方法的基本因素，多维数据可视化囊括散点图、投影、平行坐标等呈现方式。示例如图 4–5 所示。

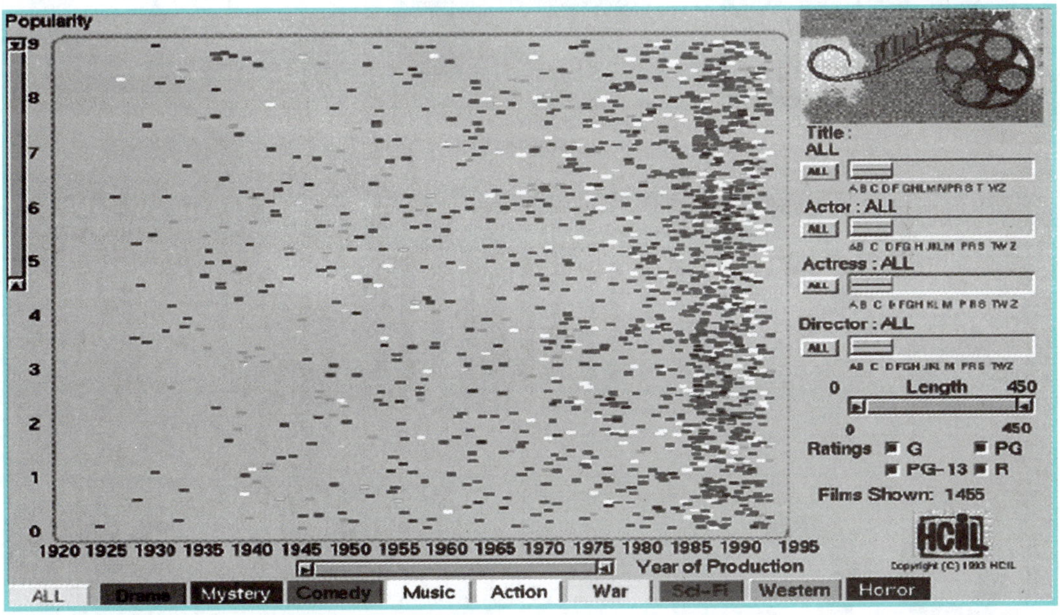

图 4–5　二维散点图[2]

1　Herman I, Melancon G, Marshall Ms. Graph visualization and navigation in information visualization: A survey. IEEE Trans. on Visualization and Computer Graphics[J]. 2000, 6(1): 24–43.

2　Ahlberg C, Shneiderman B. Visual information seeking: Tight coupling of dynamic query filters with starfield displays[C]. New York: ACM Press, 1994.

数据的可视化领域的发展由于商业、科研、公共管理等助力，一直处于良好发展的态势，已经面世的侧重于不同的可视化目的的软件工具数量众多，并朝着更好的用户体验发展。

诸多类型的可视化结果中，我们常应用折线图、柱状图、饼图、气泡图、雷达图，目标明确、清晰易懂。这些基本图表如图 4–6 所示。

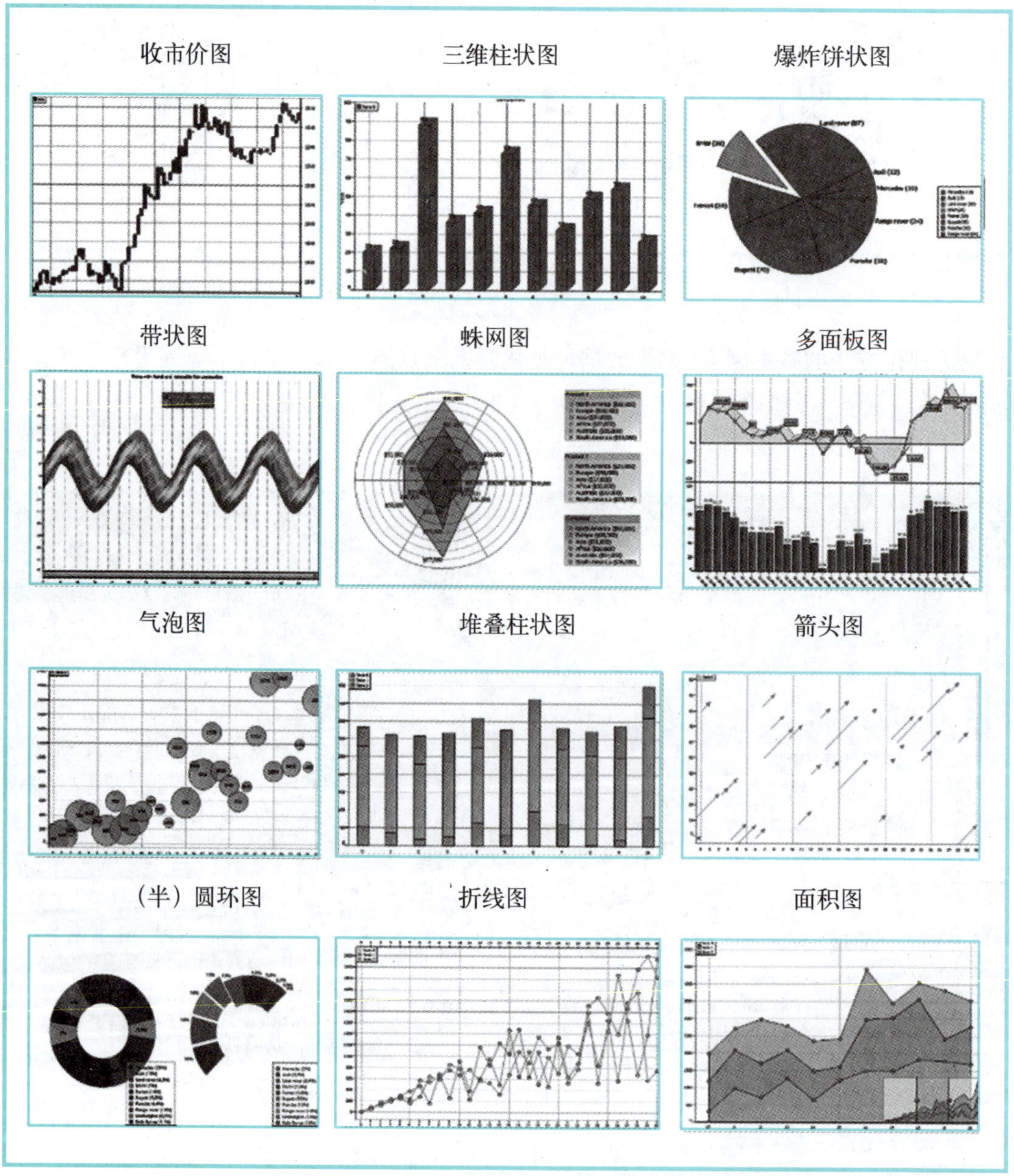

图 4–6　数据可视化基本图表汇总[1]

1　阮一峰. 数据可视化：基本图表[EB/OL]. [2014–11–29]. http：//www.ruanyifeng.com/blog/2014/11/basic-charts.html.

随着技术的发展，数据可视化分析同数据挖掘联系更加紧密，成为后者结果呈现的重要方法，能最大限度地发挥人机协作的优势，让用户能够更方便地从海量数据中获得有用信息，从而推算出未来发展趋势以便做出某种决策。

（五）数据挖掘的一般流程

通过数据的准备、数据的预处理以及数据挖掘方法的选择后，我们将数据挖掘的一般流程进行总结如图4–7所示。

在数据挖掘的实际操作中，会根据现实情况进行调整和完善整个数据挖掘的流程，有时并非所有步骤都需要做到；同时这也是一个循环往复的过程，在某些步骤没有达成目标时需要回返过去重新调整执行；通常大部分的时间都会花费在数据采集和预处理中。

在数据挖掘的执行过程中，执行人员主要分为两类，一是有着业务经验的人带着技术人员对数据进行挖掘；二是将数据交给专业数据人员处理。

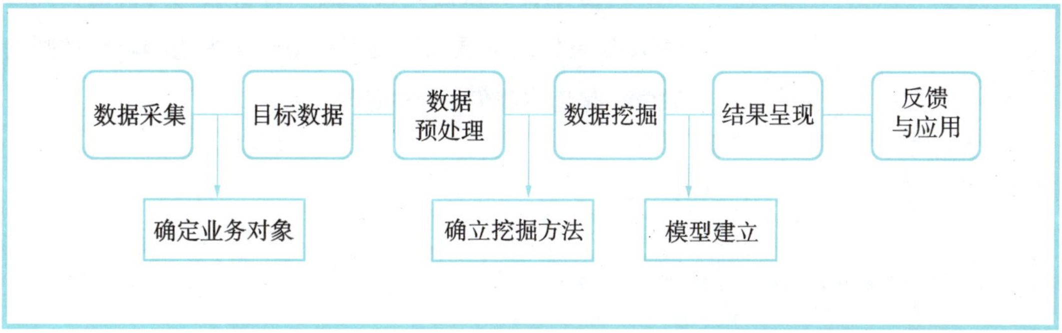

图4–7　数据挖掘一般流程图

第二节　MOOC数据的挖掘与分析

MOOC 的蓬勃发展带来了大量的学习数据，对于这些数据应该怎样去挖掘和分析它们的价值，促进 MOOC 更好的发展以及真正有助于学生的学习和教师的教学，是值得我们探究的话题。

一、大数据时代的教育数据挖掘

（一）教育数据挖掘的背景

大数据在教育领域内的数据资源称为教育大数据，是有着巨大教育价值的数据集合。与传统教育数据相比，数据来源更加的多样化，增添了更多在传统的结构化数据（出勤记录、考试成绩等）之外非结构化数据（教育软件、学习游戏、课堂互动等）的比例。我国的教育规模居世界首位，如此规模的教育大数据包含的内容自然众多。

教育大数据主要来源于四个方面：一是教学行为大数据，是指在教学活动中直接产生的数据；二是教学管理大数据，是指学生的学籍信息、身体信息、教职工信息等内容数据；三是教学资源大数据，是指教材、课件、教学视频等工具类资源；四是教学评估大数据，是指对于教与学的过程的评估中产生的数据。

教育大数据是一种教育战略资产，是教育领域综合改革的科学力量，是发展智慧教育的基石[1]。因此，挖掘好教育大数据中隐藏的价值，对于促进教育综合

1　杨现民，唐斯斯，李冀红．发展教育大数据：内涵、价值和挑战[J].现代远程教育研究，2016（1）：50–61.

改革和科学发展有着积极的作用。

鉴于此，教育数据挖掘（Educational Data Mining，简称EDM）作为一个专有的研究领域，其存在是必要的。

（二）教育数据挖掘的内涵与发展

数据挖掘在教育领域内的发展，形成教育数据挖掘这一分支。相较于数据挖掘这一大类，教育数据挖掘同样与许多学科领域密切相关，最紧密的是计算机科学、教育学和统计学三类，同时，它还具有鲜明的教育学科特色。主要表现为：多学科性，由于数据设计到的学科范围广泛；多层次性，由于学生年龄层次跨度、学段、教学材料等内容的复杂，展现出多层次的特点；多情境性，学生获得知识的途径有多种形式，不同情境可以有不同的挖掘形式；多义性，师生在教学中的行为和语言存在多重含义性让教育数据也存在着多义性。

教育数据挖掘可定义为：应用数据挖掘技术获取来自教育系统的特殊类型数据，提取有意义的信息并分析出有价值的结果，这些分析结果可供学生、教育工作者、教育软件开发者、教育管理者、教育研究者等对象使用[1]。

教育数据挖掘主要面向四个主要角色，即学生、教师、教育管理人员和教育研究者。而教育数据挖掘对于教育领域中不同的角色有着不同的意义，如表4–3所示。

表4–3　教育数据挖掘对教育四角色的意义

角色	意义
学生	了解学生的性格、兴趣、能力、学习风格、学习效率、学习效果、学习进展，可根据学生特点向其推荐课程、学习资源等。
教师	了解教学效果、改进教学方式和内容；了解学生情况，预测学生成绩，辅助学生评价等。
教育管理人员	了解管理机构的历史与现状、改进管理制度、科学分配资源、提供科学决策、辅助教师与学生评价等。
教育研究者	验证已有理论、探索新领域、为教育研究提供数据和论据，对教学材料、课程设置与教学方式、教学系统做评价等。

曾经，教育数据挖掘的学术研究与交流依附于计算机应用学术会议而存在，影响力较小。而今有多个学术会议对它表示关注，如表4–4所示。

1　李婷，傅钢善.国内外教育数据挖掘研究现状及趋势分析[J].现代教育技术，2010,20（10）：21–25.

表4-4　EDM相关学术会议[1]

会议名称	缩写	类型	首届年份
教育界人工智能国际会议	AIED	半年会	1982年
智能导学系统国际会议	ITS	半年会	1988年
教育数据挖掘国际会议	EDM	年会	2008年
用户建模、适应和个性化国际会议	UMAP	年会	2009年
学习分析与知识国际会议	LAK	年会	2011年

2008年，教育数据挖掘国际会议在加拿大蒙特利尔召开，这是教育数据挖掘领域召开的第一届专门会议，并在之后的每年都会举行一次，此外教育数据挖掘的专有期刊也帮助传播其研究成果。2012年，美国教育部发布的蓝皮书《通过教育数据挖掘和学习分析促进教与学》标志着教育数据挖掘已受到广泛关注[2]。随着互联网的普及，云计算、增强现实（AR）、虚拟现实（VR）这些新技术在教育领域的应用，必将推动教育挖掘技术也变得更加多样化。我们有理由相信，在大数据时代背景下，教育数据挖掘的研究与发展将更加成熟和繁荣。

（三）教育数据挖掘与MOOC

教育数据挖掘面临在多种情境下的教育数据，在大数据背景下以MOOC为代表的新型教育形式所产生的种种数据，正在成为教育数据挖掘新的研究热点。MOOC平台的学习数据（简称MOOC数据）同属于教育数据，因此将教育数据挖掘技术应用在MOOC数据中，是多年研究的实际应用。

MOOC的核心理念在于“开放”和“共享”，因此MOOC的学生类型众多，这也是它最大的特点之一。海量学生的存在使得传统教育测评方法必然会在MOOC环境中有所不同，若是仍沿用传统课堂中的措施，测评效果的可信度与效度显然会大打折扣。而MOOC系统经过长时间的使用，加上MOOC学习环境与其背后蕴含的技术支持，必然产生了大量师生在使用过程中留下的数据信息，这些数据信息对于分析背后的教学与学习行为，寻找背后隐藏的规律而言，是丰富的宝库。利用数据挖掘技术对庞大的MOOC数据进行挖掘和分析，能够更加全面地发挥出MOOC数据宝库的价值。

1　周庆，牟超，杨丹. 教育数据挖掘研究进展综述[J]. 软件学报，2015（11）：3026–3042.

2　Bienkowski M, Feng M, Means B. Enhancing teaching and learning through educational data mining and learning analytics：An issue brief. Technical Report, Washington：Office of Educational Technology, U.S. Department of Education, 2012：1–57.

二、MOOC数据挖掘流程

MOOC数据挖掘同属于数据挖掘的分支，因此同数据挖掘的一般流程是相同的，同样需要在数据源中确定业务对象后采集数据，对数据进行预处理后按各种模式挖掘，得出结果后给予分析反馈，然后对教学过程和平台设计进行调整。

（一）基于数据挖掘的MOOC平台设计

数据挖掘的前提是有一个可供数据挖掘的MOOC平台存在。MOOC平台设计，如基于数据挖掘的网络教学平台，如图4–8所示。

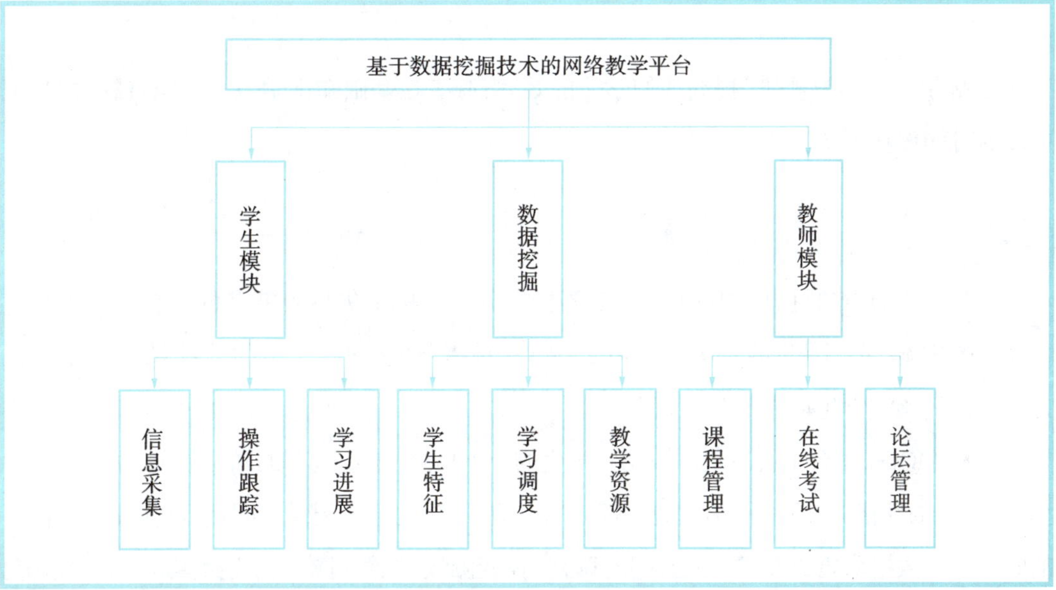

图4–8　基于数据挖掘技术的网络教学平台[1]

在这个平台设计中，从学生、教师、数据挖掘三个基本模块出发，分别引出学生、教师在教学平台上的动作行为，利用数据挖掘技术对他们的行为产生的数据进行分析，探究背后的学习情况与思维认知。

（二）MOOC数据挖掘目标的确立

理清数据挖掘的目的是数据挖掘的重要一步。挖掘的最后结果是不可预测的，但要探

1　汪刚，朱琳．网络教学平台下的数据挖掘技术探讨[J]．电子测试，2016(7)：57–58.

索的问题是有预见的，而不是为了数据挖掘盲目的行为。MOOC数据挖掘的目的是为了从大量的学习数据中分析学习的规律，提高学习的效率，具体包括以下几个方面：

1. 推荐个性化的学习方案

通过大量的数据为每位学生画一幅数字画像，为每位学生推荐最适合的学习方案，提供进一步的学习建议。

2. 优化课程，提高质量

根据每个课程的学生的学习数据，改进课程内容，进而提高课程的质量。

3. 了解学生的学习规律

了解学生的学习规律，提高他们学习的效率，减少在基础知识学习上所花费的时间，把更多的时间放在创新上。

（三）MOOC数据的采集与预处理

确定了MOOC数据挖掘的目标，就要根据分析目标采集尽可能多的数据。数据包含着大量的样本，它们帮助我们证明学习是在什么前提下发生的，学生的学习方式是怎样的，并帮助我们预测学生未来的学习情况。

目前MOOC平台主要采集的数据有学生的个人信息、学生现有的知识情况、学生的能力测评、学生的性格类型测评、学生观看视频的习惯，学生的笔记记录时间点，学生做作业停留的时间等。数据采集的方式一般有问卷调查、在线测试、在线讨论、在线操作过程的记录等。在MOOC平台中可采集的数据类型多种多样，参考edX平台使用者经验整理如表4–5所示。

表4–5 MOOC数据采集类型

学习行为	数据内容	采集数据源	分析目标
登录MOOC	登录终端 经常在什么时间段学习 每次学习时间长短 每天/周学习频率	采用电脑/智能手机登录的次数 登录/退出时间 登录时长 课件/课程信息/讨论区页面用户访问时长	学习习惯 学习投入
课程选择	喜欢什么类型的课程 擅长学习什么类型的课程	所学课程各类型比例结构 所学课程各类型所花时间比例结构	学习兴趣 学习强项

（续表）

学习行为	数据内容	采集数据源	分析目标
课程选择		所学课程各类型的最终完成比例结构	
观看视频	是否坚持看完视频 是否反复看某段视频 是否跳过某段视频	播放视频时暂停的时间点 暂停的时间长度 某段视频的播放次数	学习投入 学习薄弱点
笔记	是否在学习时喜欢记笔记 哪些时间点记的笔记比较多 笔记对学习效果有什么影响	视频中记笔记的时间点 同一个视频点笔记的数量 笔记内容的类型 总的笔记的条数	学习习惯 学习薄弱点
作业	作业是否按时完成 完成作业花了多少时间 是否正确 是否乱猜 如果答错，选择哪个错误选项 做了几遍才做对	学生答题时间 学生答题时长 每道题目的正误 学生答错次数 学生尝试次数 学生尝试的错误选项	学习效率 学习效果 学习能力
讨论互动	讨论多不多 讨论一般在什么时间发生 讨论内容是什么	发帖的时间 发帖的内容关键词 发帖的字数统计 学生发帖的回复数 学生发帖的浏览数	学习深度 基于社区学习的参与度 群体教学参与度

在MOOC数据采集过程中，我们一般遵循以下思路。

1. 数据种类尽可能多，样本量尽可能大

在某些时候，数据量无比庞大时，需要抽取样本，因为当样本数量达到某个值后，我们从新个体身上得到的信息会越来越少，就如同经济学中的边际效应递减一样[1]。

2. 数据采集要有策略

问卷调查类型的数据采集时，有一些问题设置时要绕几个弯，映射出答案，尤其是在采集比较敏感的问题时，为了规避敷衍的答案，需要采集者采取策略获得需要的数据。

3. 数据要客观

MOOC平台采集的数据并不是全有价值，往往需要注意某些刻意为之的数据。例如某

1 维克托·迈尔·舍恩伯格，肯尼思·库克耶，大数据时代[M].杭州：浙江人民出版社，2012.

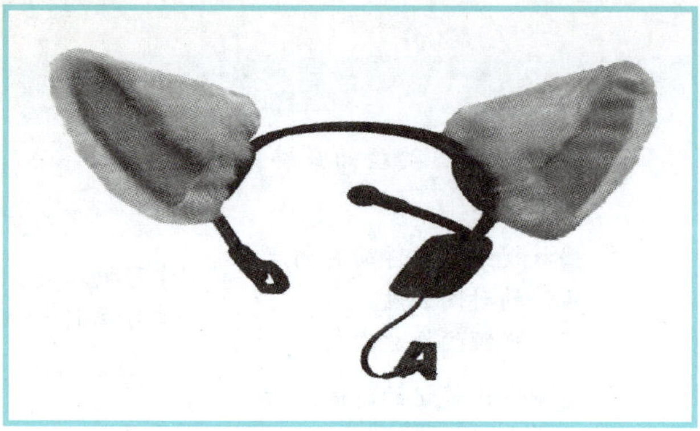

图4–9 猫耳型数据记录器

些学校会强行组织学生统一参加某些课程的学习，这样的数据不是学生自然产生的，无法反应学习的自然规律。

除了MOOC平台本身记录数据这一种方式，还有很多种渠道，包括通过RFID射频数据、传感器数据等。例如日本电子公司Neurowear研制出一种猫耳造型头箍，如图4–9所示，可通过传感器对佩戴者的情绪变化作出反应。佩戴者放松时，猫耳会耷拉下来；注意力集中时，猫耳会竖起；心情愉快时，猫耳会来回摆动；感到疲惫时，猫耳便会像泄了气的皮球一样。像这些新的技术在MOOC平台的应用中也可以积极探索尝试。

收集数据后需要对数据进行预处理，按照数据挖掘的预处理方法对冗余的数据进行清除，修复缺失值、数据归约，通过数据预处理，得到更加直观和比较具有代表性的学习行为数据，提高MOOC数据挖掘工作的效率。

（四）数据挖掘与结果呈现

按照数据挖掘的目的收集好数据，并预处理成为待挖掘的数据后就可以开始对MOOC数据进行挖掘与分析。

MOOC平台自带某些简单的数据挖掘分析，研究者们也可以根据研究目的进行更加复杂和深入的挖掘。例如在MOOC平台中，我们可以将学生的年龄、工作背景、学习动机、教师的参与程度与MOOC学习行为、学习绩效之间的关联规则进行挖掘。

MOOC平台中的数据在经过数据挖掘后，可按分析目的分为不同类型的数据，并通过挖掘找出数据之间的联系，将数据转成可操作的结果。数据分析是根据获取的挖掘信息采取行动，验证数据是否准确而又有效。

数据挖掘与分析后的结果现在一般通过数据可视化的方式呈现。通过可视化的方式，我们可以更直观的找出我们想要寻求的问题答案，帮助我们找出隐藏在各种交叉的数据中的关系、趋势与偏差。下面我们根据研究者的挖掘目的分析MOOC数据挖掘结果。

1. 学生类型挖掘分析

教育技术咨询专家和分析师Phil Hill根据研究经验，根据MOOC学生在课程学习中的

表 4–6　MOOC学生类型表

名称	表现
潜水人员	这些学生是大部分MOOC参与者，他们登录了课程，也许还阅读了课程内容，浏览了其他学生的讨论，但是，除了注册了一下MOOC和看看视频之外，他们不参与其他任何形式的任务。
偶然访客	这些学生部分或完全地参与某一门课程中的一些选题或者一些活动(如观看视频、浏览或参与讨论)，但是并不尝试着完成整个课程。还有些学生使用MOOC学习是为了完成课程任务。
消极参与者	这些学生将课程学习以消费的方式进行也期待着被教，最典型的就是观看视频、可能做做测试，但是通常不会主动参与活动和课堂讨论。
积极参与者	这些学生全身心地投入MOOC课程学习，完成绝大多数作业、任务和所有的测验与评估，同伴互评，通过论坛、博客和其他社交媒体参与讨论。

表现将学生聚类分为四种类型，如表4–6[1]所示。

需要指出的是，这些类型的学生不是一成不变的，在某些契机下他们可以互相转换。就像Hill的研究般，参与MOOC学习的学生行为被挖掘后，我们可以从总体上把握学生的基本学习情况，有哪些学生是潜水型，哪些是偶然访客型，哪些是消极参与的，哪些是积极参与的，从而为下一步的教学安排做准备。

2. 学生学习习惯挖掘分析

通常而言，从学生在MOOC学习中的时间分配数据和学习次数数据可以看出学生的学习习惯。

以上海高中名校慕课平台为例，学生一种课程学习情况的结果如图4–10所示。

通过对学习时段和学习次数的分析，得出学生在某一时间内的学习精力分配。在19：00时，学生的学习次数最多。从早7：00开始逐渐上升，到9：00达第一个高峰，后逐渐下降，到午12：00达白天最低值，从13：00略有回升，15：00又跌至谷底，后又逐渐回升，到19：00到达最高峰，后逐渐下降。由此可见学生的学习习惯十分贴合人一天中生活作息和精力值。因此，在课程的安排上，也应兼顾到自然规律。

1 Phil Hill. Emerging Student Patterns in MOOCs：A Graphical View[EB/OL]. [2013–03–06]. http：//mfeldstein.com/emerging_student_patterns_in_moocs_graphical_view/.

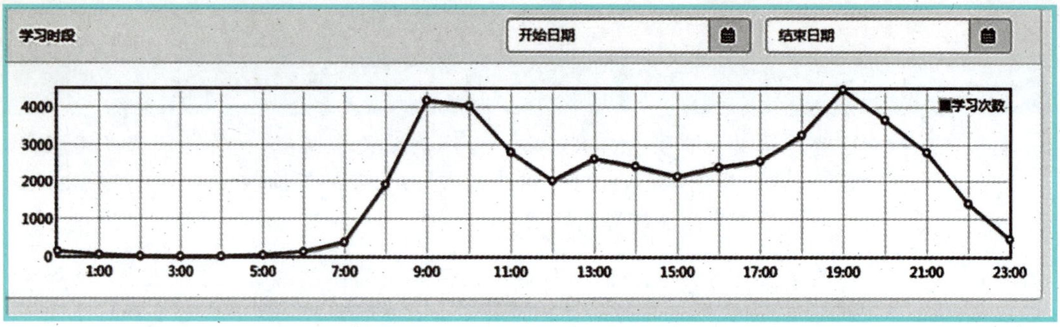

图4–10 学生课程学习情况图

3. 学生学习兴趣挖掘分析

MOOC平台中的学习数据中还可以挖掘分析出学生对课程的兴趣所在。

以上海市高中名校慕课平台的学生学习数据为例，某学生在MOOC平台中共选修了7门课程，学习情况如图4–11所示。

课程名	证书	完成率	退选率	中断率	视频观看数	发帖次数	回应次数	学习时段分布
艺术欣赏	无	42.0%	0.0%	20.0%	5	0	0	查看详情
国学原典选读	无	63.0%	0.0%	20.0%	5	0	0	查看详情
科学与探索	无	100.0%	0.0%	21.0%	8	0	0	查看详情
幼方test	无	50.0%	0.0%	0.0%	5	0	0	查看详情
Mark Twain–His Life,His Time and His Works	无	38.0%	0.0%	0.0%	3	0	0	查看详情
国学原典选读	无	0.0%	0.0%	0.0%	0	0	0	查看详情
数学思维方法	无	0.0%	0.0%	0.0%	0	0	0	查看详情
共查询到7门课程								

图4–11 某学习者的学习兴趣分析

这位学生在学习过程之中对“科学与探索”这门课程兴趣最大，也最为认真，从他的完成率、退选率和中断率、视频观看数的排位可以明显反映出来。

4. 学生学习习惯挖掘分析

学生学习习惯的数据挖掘有助于我们了解学生是如何在学习，以及这些学习习惯指向的结果，从而在结果好坏确定后帮助学生取长补短，促进个性化学习的发展。

在学生视频学习的动作数据挖掘中，可以从多角度分析学生的学习习惯。例如东北大学的研究者将本校资源共享课平台上的学生在观看视频学习中的动作行为数据进行分

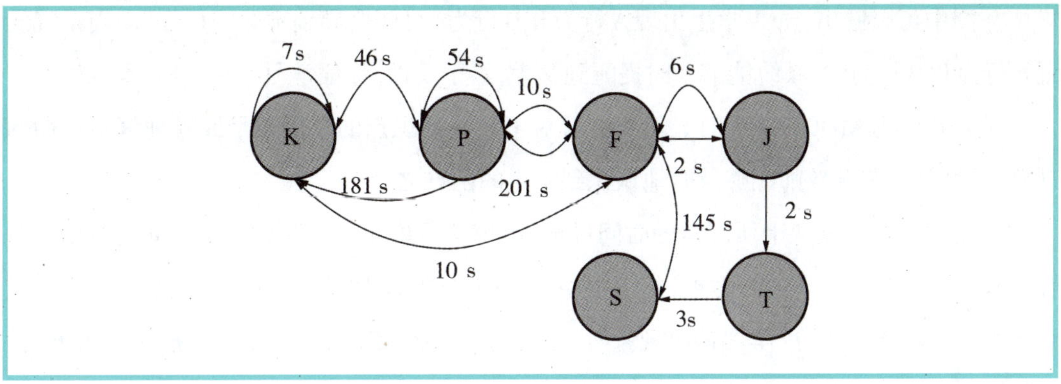

图 4–12　学习动作转换序列

析，将动作模块上的学生动作进行统计分类为快进/退动作（K），全屏动作（F），跳转课程动作（J），暂停动作（P），滚动条滚动（S），文本间模块跳转动作（T）。根据艾哈迈德·哈桑（Ahmed Hassan）的 WEB 挖掘模式动作模型生成学习动作转换序列，如图 4–12 所示。

从图中可以看出某学生在观看 MOOC 视频时的系列动作。

该名学生调整到其他知识点前的一个动作一定为推出全屏动作，并且调整到其他知识点后的动作为全屏观看视频或观看文本模块内容，所以可以看出，该名学生学习时习惯于全屏观看视频。上图中 K 状态转换到 K 状态的平均时间间隔只有 7 秒，可以看出，该名学生习惯于连续快进或倒退视频[1]。

5. 学生学习困难点挖掘与不良学习行为预警

MOOC 数据挖掘有助于总体上对学生的学习行为动态进行关注，通过分析，对学生的学习行为作出合理的预警，给予学生学习方式等方面的指引，使其及时调整学习态度和方法。

有学者建立了 MOOC 学习系统学生学习行为预警模型，通过关联分析与演变分析，监控不同行为导致的后果并及时提醒学生不良行为，如图 4–13 所示。

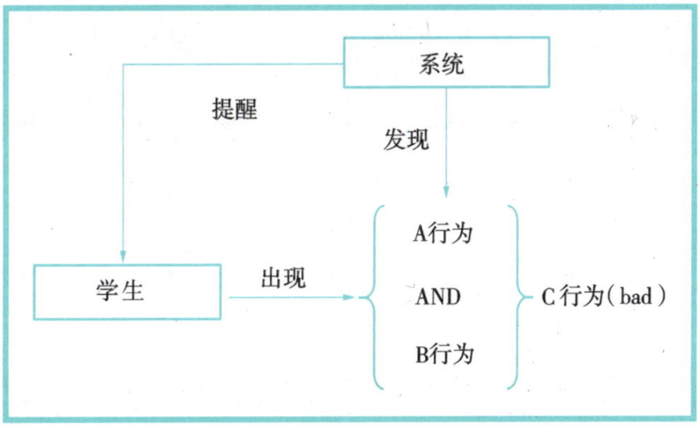

图 4–13　学生监控行为的关联分析与演变分析[2]

1　李帅，张岩峰，于戈，焦明海.MOOC平台学习行为数据的采集与分析[J].中国科技论文，2015(20)：2373–2376.
2　江学峰.基于数据挖掘技术的MOOC课程的设计研究[J].信息与电脑（理论版），2016(8)：188–191.

从图中可以看出，如果学生出现A行为和B行为，可能会导致不好的C行为，当系统发现A行为和B行为时，系统能够及时提醒到学生，给予反馈，保证学习的顺利进行。

学生在学习MOOC课程时必然存在着对于某些知识点的掌握不足或者理解不透彻的现象，通过数据挖掘教师能够及时地认识到学生的困难之处。

当学生在学习模块上所停留的时间过长，出现学习单元、知识点停滞时，通过数据分析辅助判断学生是否出现学习困难，给予学生适当的鼓励，增加动力，促进学生继续学习。或是学生存在着学习倦怠、学习偏离现象时，学习行为监控系统可给予及时的提醒和纠正，让学生回到专注学习的轨道上来。

6. 评估学生学习效果

MOOC学习的效果需要被评价。有学者基于MOOC学习开放数据选择决策分类算法，建立评估模型，汇总学习行为信息集成表，将学习行为处理为BBS POST、Browser Time、Online Note、Test Score四类规范化数值，从1 000个样本中构造一个4层的决策树，如图4–14所示。

这一决策树展现了数据从根节点Test Score出发，延展出的分类结果，经过BBS Post、Online Note、Browser Time等这些属性的判断，最终得到该数据所属的评估范围。

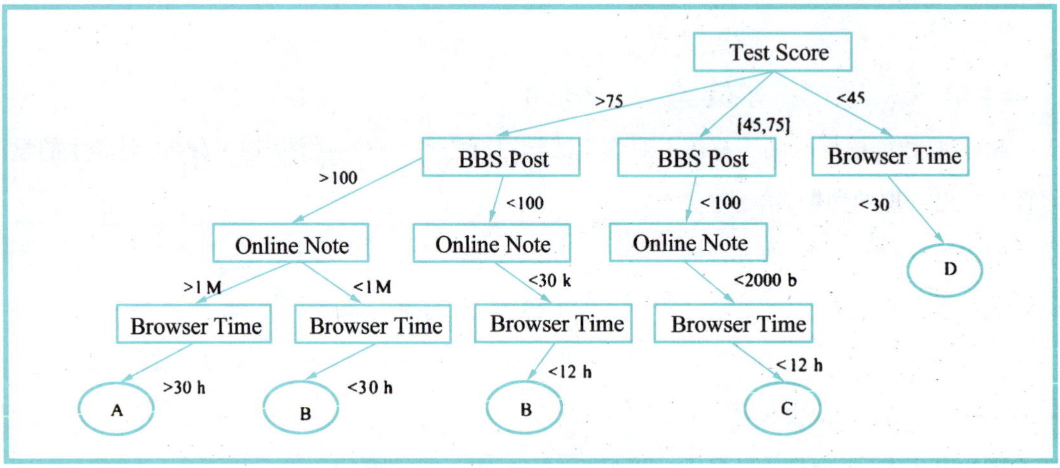

图4–14 决策树分类模型结构[1]

评估结果分ABCD四个等级，根据决策树分类模型结构，评分规则如下。

① 如果（Test Score<45）并满足（Browser Time<30）则评为D；

1 戴慧珺，桂小林，张成，张佳庚．基于历史大数据决策树分类的MOOC教学评估方法研究[J].计算机教育，2015（22）：52–55.

② 如果(75>Test Score>45)并满足(BBS Post<100)和(Online Note<2 000 bite)和(Browser Time<12 h)则评为C；

③ 如果(Test Score>75)并满足(BBS Post<100 D)和(Browser Time<12 h)则评为B。如果(Test Score>75)并满足(BBS Post>100 D)和(Browser Time<30 h)则评为B。

④ 如果(Test Score>75)并满足(BBS Post>100 D)和(Online Note>1 M)和(Browser Time>30 h)则评为A。

根据模型建立，为评估学生学习效果提供了客观依据。

随着技术的进步与思路的开拓，MOOC数据中可以挖掘的部分会越来越精细化。需要指出的是，MOOC数据挖掘的最终目的是为了使数据在业务中具有意义，为了验证教与学的效率，而不是为了去套用某种算法或工具。让数据活起来，才能创造数据的价值。

（五）反馈调整

MOOC数据挖掘和分析后的直接目的便是对教与学的成效进行反馈。在分析出MOOC平台的教与学中的种种行为以及背后的含义之后，教师对于自己的教学、对于学生的学习情况也有了更直接、更准确的认知——何种行为可以促进学习，何种行为是无效的，何种行为对于学生毫无助益……根据挖掘与分析的内容，针对学生的特点进行反馈、改进教学方式和教学内容，帮助学生取得更好成绩。

MOOC平台的授课中，教师通过数据挖掘技术的助力，寻找到最适合自己的教学方式，提升自身教学专业能力，教师根据反馈结果调整知识点的难易程度、分配授课时间、改变教学方式、优化视频界面、丰富教学视频内容等，从而提高教学效果，创设因材施教的环境。通过MOOC数据挖掘与分析，教师不用再等待学生的求助，而是从挖掘结果中预见某些问题，从而提高授课与解答问题的效率，给予学生针对性的帮助。

学生通过数据挖掘技术的助力查探自身学习结果，可以作为学生自我评估的参照，在可视化结果呈现后，学生可以直观了解自己的学习行为(学习时长、学习内容和学习方式等)，并与其他同学形成比较，在这一过程中反思自己的学习过程，自身存在的优势与劣势，帮助学生查漏补缺，促进学生自我规划，助力学生的个性化学习发展与主动思考，丰富学生的精神视野，同时也提高MOOC课程的完成率。学有余力的学生发挥聪明才智，还能发挥主观能动性，通过自身的学习情况为MOOC平台的建设及MOOC课程的设计提出宝贵的建议。

当然，我们也需要意识到，对于课程与教学的评价单靠数据并不能说明全部问题，毕竟学习的主体是人，而人的复杂性决定了事物发展的变化性，因此数据只能作为部分的参考。要知道，学生在进行MOOC学习中还需要避免学习的内容不真实和学习的内容真实但对该学生无用。

本章小结

大数据时代的到来使得数据挖掘的重要性更加得到凸显，数据挖掘得到了世界的关注，有超出学术圈的影响力。数据挖掘通常而言是从数据中挖掘所需要的内容，在本章中我们将它定义为从海量的、繁杂的、随机的实际应用数据中，提取隐含在其中的未知的或验证已知的但又是潜在有用的知识和规律的过程。涵盖提取未知的知识和规律与验证已知的知识和规律。数据挖掘的数据类型主要可分为四类，即数据库数据、数据仓库、事务数据和其他类型的数据。数据挖掘的方法按分类模式划分多种多样，按照挖掘任务主要分为分类或预测模型发现、数据总结、聚类、关联规则发现、序列模式发现、依赖关系或依赖模型发现、异常模式挖掘与趋势预测。数据挖掘结果的呈现而今多采用通俗易懂的数据可视化方式，如文本可视化、网络（图）可视化、时空数据可视化、多维数据可视化等。

数据挖掘的一般流程分为任务确立的数据采集、数据预处理、数据挖掘与结果呈现和反馈与应用这一个循环往复的过程。

数据挖掘在教育领域内的应用产生了教育数据挖掘这一研究领域，它主要面向教师、学生、教育管理人员和教育研究者这四个角色。MOOC学习的发展为教育数据挖掘的研究提供了庞大的数据宝库。

MOOC数据挖掘首先需要有平台的存在，为了便于数据挖掘，平台的设计应该兼顾到对教与学行为的数据采集，通过确立采集目标采集数据，数据预处理后进行数据挖掘，获得结果并分析，最后是根据挖掘结果的反馈与调整。

通过挖掘找出数据之间的联系，将数据转成可操作的结果，以改进MOOC平台中的教与学。但同时也应认识到，数据挖掘作为一项强大的分析技术，对教育来说最重要的是把握价值判断，数据很重要，但有比数据更重要的事情，就是教育过程本身，只有有意义的活动才会有有意义的数据。由于人的复杂性，我们所做任何决策不应完全依赖数据，应该客观看待数据挖掘技术的发展。

第五章
后 MOOC 时代

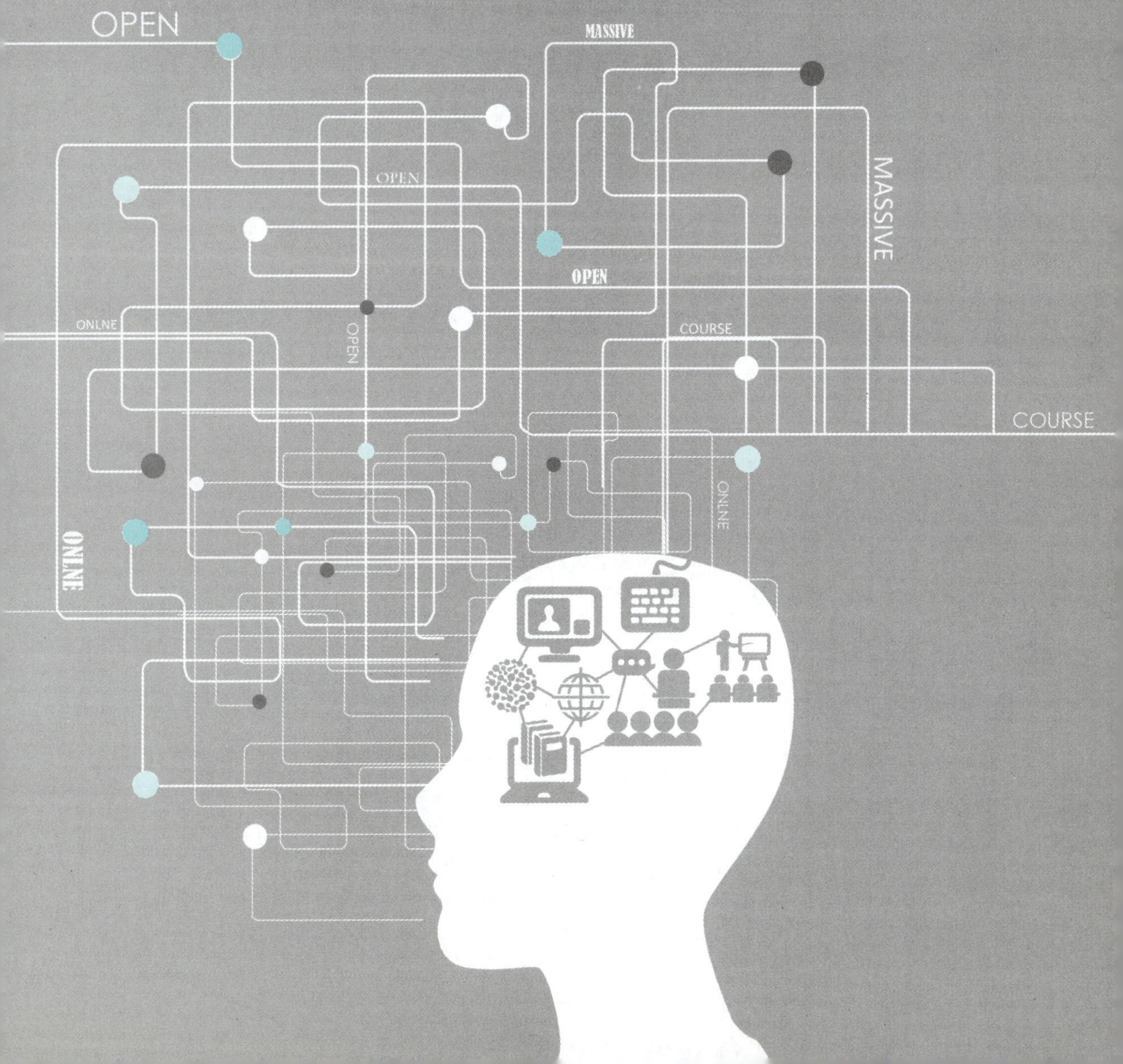

OPEN
MASSIVE
OPEN
MASSIVE
OPEN
ONLNE
OPEN
COURSE
COURSE
ONLINE
ONLNE

MOOC经过近些年的发展，越来越受到瞩目，同时其模式的多样化不断凸显，在优势明显的情况下，自身存在的不足也不断地暴露出来。

哈佛大学的罗伯特·略教授曾言，MOOC仅仅代表了在线教育的初始形态，现在好多方面都发生了变化，我们已处在后MOOC时代[1]。后MOOC时代的变化是什么？EDUCAUSE的马尔科姆·布朗在2013年发布的博文中提到三个标志：① 教学法出现新动向；② 平台服务出现了新动向；③ 出现了学分认证与学分互认新动向[2]。本章我们就后MOOC时代的具体变化进行探讨。

1 祝智庭，刘名卓．“后MOOC”时期的在线学习新样式[J].开放教育研究，2014（6）：36–43.
2 Brown, M.（2013）. Moving into the post-MOOC era[EB/OL]. http：//www.educause.edu/blogs/mbbrown/moving-post-mooc-era.

第一节　MOOC 教学模式的重构和变异

随着开放教育资源运动的不断推动，MOOC 的出现与发展使开放教育从单纯的资源共享开始向课程与教学模式革新转变，这对基础教育和高等教育都带来了一定程度的冲击。本节主要通过对 MobiMOOC、SPOC、MOOR、SMOOC 的分享来探讨 MOOC 教育模式的重构和变异。

MOOC的课程教学模式在目前主要有cMOOC和xMOOC两种。

cMOOC基于关联主义学习理论，强调知识的建构，师生之间交互协作，学生的自我调控，重视创新和同步进行等。在实行模式上，cMOOC主要通过某个特定主题把世界各地的学生和教师联系起来，学生首先要在课前通过浏览网站来了解基本的课程信息，选择合适课程并进行注册，从而得到关于课程的学习资源。在课程教学进行过程中，学生要积极参与教师发起的学习活动和讨论话题，他们相互交流、分享、协作，建立起学习的网络。cMOOC的课程教学模式如图5–1所示。

xMOOC则是MOOC发展的一种新形式，与cMOOC相比，xMOOC的教学理念和过程偏向于传统教学模式。在实行模式上，xMOOC的开课时间一般是预定的，学生要提前阅读课程介绍，通过浏览网站来了解课程评价内容，注册学习后，学生可以随时退出课程。开课后，教师适时发布课程视频与课件，这些课

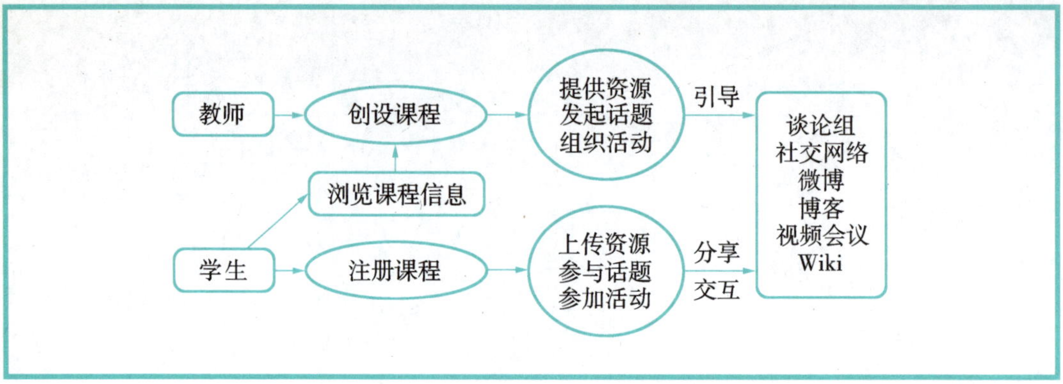

图5-1　cMOOC的课程教学模式

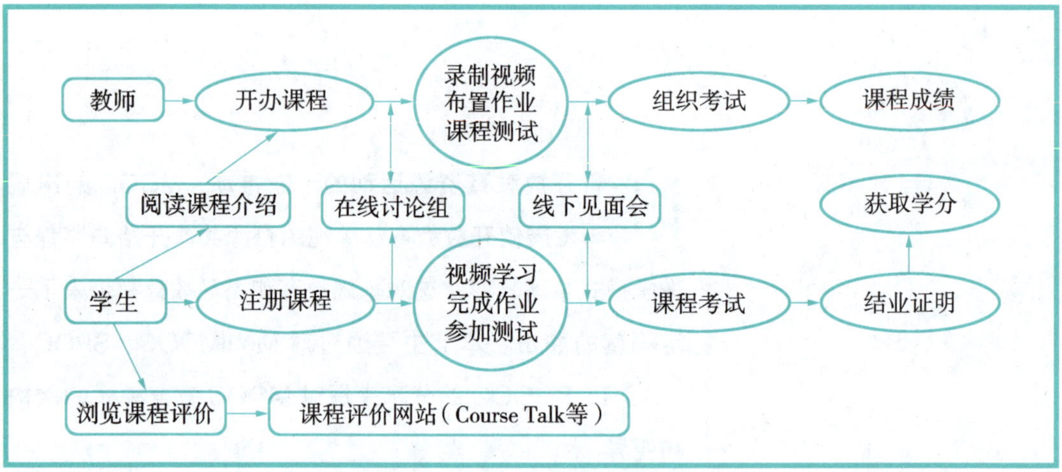

图5-2　xMOOC的课程教学模式[1]

程视频大多短小精悍，且包含一定的问题和测试内容，学生要在完全自控的条件下进行课程的学习。同时，教师还会在课后进行作业的布置，学生要在规定的时间内完成作业并提交，作业成绩可通过在线平台自动评分、学生自我评分、学生互评等方式获得。此外，课程还设有各种考试，学生在规定的时间参加考试，成绩合格者可以取得证书甚至是学分。为了学生交流方便，课程网站通常设有在线讨论组，也会组织一些线下的见面会。xMOOC的课程教学模式如图5-2所示。

由此可见，MOOC作为一种新兴的网络课程教学模式，不同于传统的网络远程教育，它倡导以学生为中心，通过模块化的微视频来呈现课程，重视学生的互动、反馈与评价。也正是因为MOOC这一开放性、多元化的特点，随着MOOC在国内的推广和应用，针对其在实

1　王萍.大规模在线开放课程的新发展与应用：从cMOOC到xMOOC[J].现代远程教育研究，2013（3）：13-19.

践教学中的诸多问题，研究者和实践者们也在不断改进、重构MOOC的课程教学模式，例如小众私密在线课程（SPOC）、超MOOC（SMOOC）网络课程等。了解并掌握这些由MOOC演变而来的新型网络课程教学模式，十分有助于教学研究者和教师们在后MOOC时代探究出更加有利于开展教学、促进教育公平和提高学生学习效率的教学方式。

一、MobiMOOC（Mobile MOOC）

目前MOOC课程主要要求学生通过浏览器访问和互联网连接来实现，这限制了学习的时间和地点，后MOOC时代，由于信息技术的变革，具有大规模、在线、开放等显著特点的MOOC教学也应该逐渐与移动学习相结合。MOOC为自主学习的人提供了巨大的学习机会，而MOOC与移动学习相结合的MobiMOOC的出现则是网络教育应用的一个里程碑。

MobiMOOC（Mobile MOOC）被译为移动MOOC，是指借助移动智能设备学习MOOC，实现MOOC与移动学习（Mobile Learning）的有效整合，移动MOOC的出现进一步开拓了MOOC学习的平台和受众。移动MOOC作为MOOC课程模式和移动学习模式的有机结合，是利用无线移动通信网络技术和无线移动通信设备（如手机、平板电脑和笔记本电脑等）开展的在线教学课程，由于移动设备在空间、地点和时间上都具有一定的灵活性，不仅教师可以更加广泛和多元地利用移动MOOC平台发布教育资源，提供教育服务，而且学生可以在任意时间和地点以各种方式获取教育信息、教育资源和教育服务。移动MOOC的出现对互联网背景下全新的课程组织实施模式进行了有效探索，也对传统课堂的组织管理模式进行了变革。

由于视频学习是单向输入的过程，考虑到学生的注意力集中能力，为保证学习效果，在不影响知识完整性的前提下，移动MOOC课程基本都是以10分钟或更短的微课程为主，课程内容往往经过碎片化和情境化的重组整合，因而短小精悍、信息量丰富。有的移动MOOC课程甚至会设置小问题，让学生有思考和巩固的时间；有的还附带游戏类型的关卡，学生只有过关之后才能继续听课，这是一种完全不同于传统课堂的移动学习体验。

移动MOOC充分利用了传统MOOC的优势，除了提供课程资源、文本材料、在线答疑外，还提供各种交互社区供学生参与，例如在线讨论、课程Wiki等。与传统的MOOC相比，移动MOOC的本质特征主要有以下几个方面。

（一）移动性

学生不需要在特定的时间或地点进行学习，可以根据自己的时间分配有计划性地学习。在移动MOOC课程中，学生和学习资源都是移动的，学习资源可以随时被上传，资源库也可以随时进行更新和修改。

（二）便携性

便携性是移动MOOC区别于其他网络在线教育课程的主要特征，移动MOOC进一步促进了个性化学习和终身学习的有效实现。

（三）交互性

移动MOOC是基于无线移动通信网络技术来进行课程开展的，其特征便是双向交互，这也为教师和学生以及学生之间提供了一个有效交流的平台。

（四）及时性

移动MOOC可以实现教师及时地向学生进行网络指导，学生也可以实现与移动终端的及时互动和交流、及时获取信息、及时表达和分享自己的观点。

（五）广泛性

随着移动技术的发展，手机等移动设备的存储容量和下载速度大幅提高，移动MOOC拥有了更广泛的学习资源供学生学习、交流和分享。

（六）微型化

学生通过移动MOOC的学习不仅仅是简单的网络课程的学习，而是通过移动终端在移动状态下的一种学习活动，通过这种方式，知识的传递效率将会更高，学生付出的学习时间也会有所缩短。

总之，移动网络技术对教育教学的发展具有里程碑的作用，打破了传统的网络学习模式，扩大了学生的学习范围。在后MOOC时代，移动MOOC将帮助人们建立更加专业的移动学习新方式，代表着教育研究者们对在线教育的新探索与新实践，是MOOC的延续和发展。

二、SPOC

2013年，福克斯首次提出了SPOC这一概念，SPOC（Small Private Online Course）即小众私密在线课程。其中，“Small”是指学生规模小，一般是几十人到几百人之间，“Private”是指对学生申请设置限制性准入条件，只有符合条件的学生才能通过课程申请被纳入

SPOC。因此SPOC的开展具有一定的私密性。

SPOC是将MOOC的教学资源如教学微课程、视频讲座、学习资料、训练与测验、自动评价系统（带有即时反馈）、交互实验室和在线论坛等应用到小规模的实体教学场所中，允许教师以不同的方式组织与学生的交互，其实质是将优质的MOOC课程与课堂教学有机结合，借以翻转教学流程、变革教学结构、提升教学质量。SPOC主要适用于混合式教学和翻转课堂教学，将网络资源和技术与师生的互动教学结合起来以便提高学习效果。简言之，SPOC既能充分发挥MOOC的优势，又能有效地弥补MOOC的短板和传统课堂教学的不足。也因此被形象地比喻成“下一代教科书”。

SPOC将MOOC的教学内容、教学形式、教育理念和技术平台等进行优化和改进，让MOOC课程能够适用于不同的学习群体。与MOOC相比，SPOC限制了学生的准入条件，以此来对学习中的基础层次和专业类型进行划分，有利于分层教学。同时，SPOC通过对不同学习态度的学生群体进行区分和筛选，具有一定的纪律约束作用，这有助于解决MOOC学生的高辍学率和低完成率的问题。此外，SPOC课堂的学生规模较小，不但能够有效地增加师生之间的参与度和互动频率，还为增强教师的教学手段、提高学生知识的理解与吸收提供了便利。而且，SPOC的私密性特征会给予通过申请的学生一定的自豪感、责任感和占有稀缺资源的紧迫感，从而提高学生重视学习的程度和增强学习的动力。因此可以说，SPOC是MOOC的继承、发展和超越。MOOC与SPOC的主要区别如表5–1所示。

表5–1　MOOC与SPOC的主要区别[1]

序号	项目	MOOC	SPOC
1	课程性质	网络课程	网络课程与实体课程融合
2	价值取向	将最优质的教育资源递送到全球每一个角落	利用优质MOOC资源，改进学校教学流程与方法，提高教学质量
3	课程开放性	完全开放，无资格限制，任何人可选课，受众范围广	限制性申请（校内或全球范围满足准入条件的在线学生）
4	评价形式	在线测验、机器评判、同伴互评	在线测验、机器评判、同伴互评、课堂评价结合
5	内容定制化程度	定制化程度低，同一课程内容面向大规模群体	定制化程度高，为学生定制个性化、本土化内容
6	学生人数	大规模、无限制	小规模，几十至数百

1　曾明星，李桂平，周清平等. 从MOOC到SPOC：一种深度学习模式建构[J]. 中国电化教育，2015（11）：28–34.

（续表）

序号	项目	MOOC	SPOC
7	完课率	较低(10%)	很高(约100%)
8	学习成本	费用低,除认证外几乎免费	费用相对高(学费或按学分收费)
9	学习方式	线上自学	线上与线下混合学习,翻转课堂
10	学习体验	自主式	沉浸式
11	学习深入程度	难以深入,难以控制	由浅至深,容易控制
12	技术平台	功能强大,要求高,支持大规模注册	要求较低,可利用MOOC平台或自建网络平台,不必支持大规模注册
13	开发成本	总成本高,大规模分摊,边际成本低,效率高	利用MOOC规模效应,分摊高质量教学内容的人均成本
14	师生互动	学生群体庞大,互动困难	一对一交流,思考、挑战、构建新知识
15	交流方式	网络	网络与面对面
16	教学适应性	同质性教学服务,难以分层教学	异质性教学服务,可分层教学与因材施教
17	教学效果	相对差	好
18	对学校影响	提升教育国际品牌形象	提高学校教学质量与核心竞争能力

三、MOOR

尽管国内外许多专家和学者都对MOOC的可行性及长期影响持观望甚至怀疑的态度,但不可否认的是:MOOC创造了一种新型的学习模式。在这种学习模式下,应用并推广开放教育资源的前景开始逐渐明朗,MOOR便是在这种情形下应运而生的。

MOOR(Massive Open Online Research)被译为大规模在线开放研究性学习。MOOR基于网络编程技术,利用互联网作为底层架构,通常由高等教育机构、大中小企业或社区等创设课程,设置基于项目的高质量、离散的开放性研究任务。学生通过参与到真实情境中,进行模块化的任务研究、实证调查,从而解决实际问题。该系统的建立基于2013年9月,加州大学圣地亚哥分校的帕维尔教授和他的研究生团队在Coursera推出了一门名叫《生物信息学法》的课程。这门课程的第一部分便包含了大量的研究成分,使得学生的重心从传统网络在线课程的知识获取转向问题提出和问题解决。通过MOOR的课程教学方式,学生们

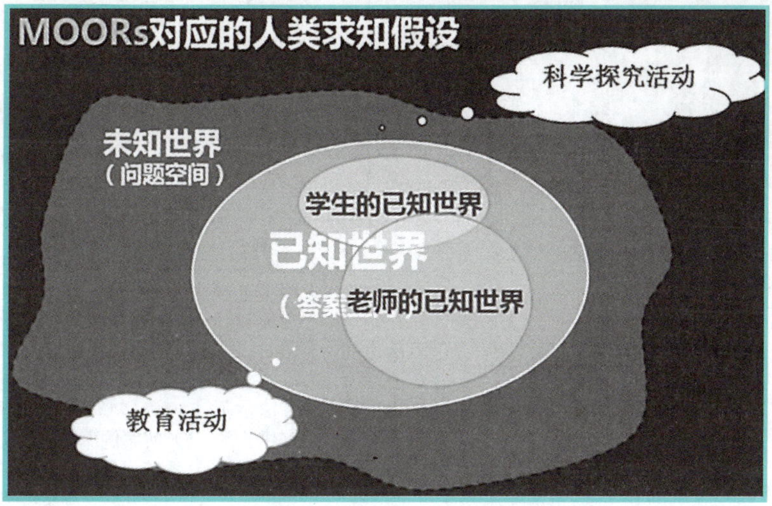

图 5–3　MOORs 对应的人类求知假设

有机会与来自世界各地的生物信息科学的专家们进行有针对性的项目研究。

MOOR在本质上还是MOOC，它仍然具备“免费、公开、在线”的特性，因此它可以看作是MOOC的补充、延续与创新。对比于其他在线教育资源例如MOOC、网络免费课件等，MOOR更专注于实际应用和学生的真实体验，且更强调研究的重要性。通过研究实践，MOOR旨在为世界各地的学生提供高质量的、具备真实情景的应用型项目，为学生、专家团队、研究团体和社区公民等建设新的联结关系，如图5–3所示。

教育的自然进程应当是从学习知识过渡到科学研究，但这对于很多学生尤其是偏远地区的学生来说是一个较难的跨度，而MOOR的出现便是在为这个过渡创设更高的可能性，它使得世界各地有着不同经验和观点的学生们能够聚集在一起（通过网络）进行交流、研究，为学生从学习到研究的过渡提供了渠道，使得教学重心由知识的复制传播转向问题的提出和解决。因此我们有理由相信，MOOR的发展能够显著地提高在线学习的学习结果。MOOR为学生从学习到研究的过渡提供了渠道，使得教学重心由知识的复制传播转向问题的提出和解决。

以上海市电教馆开发研究性学习自适应学习系统中的研究型教育专家系统工作流程设计为例，流程图如图5–4所示。

这一系统主要从七个步骤来实现工作：第一步注册登录实现识别分析；第二步呈现特异情境，体验困惑生成个性化教学计划；第三步问题井喷可分析问题特质、分析学生、方法引领、激发探索；第四步问题选择形成课题，指导文献检索，提供方法示范案例示范；第五步假设猜想、拟定方案；第六步实施研究；第七步证实或者证伪猜想，证实猜想是对第三步的回答，也是问题的解决，证伪猜想后回到第五步重新拟定方案。

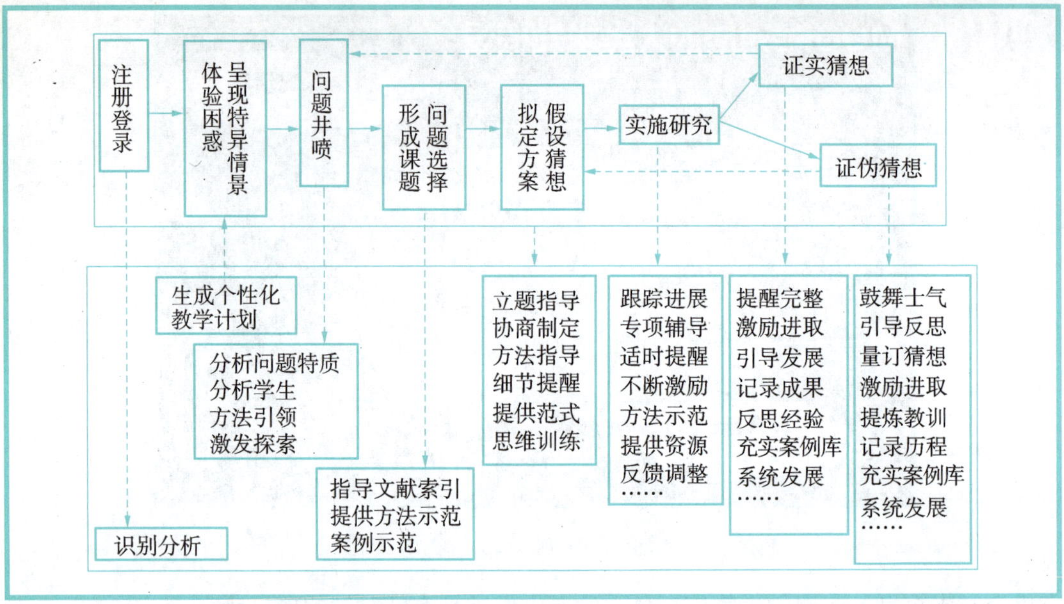

图 5–4　研究型教育专家系统工作流程图

该系统能高效率、准确、周到、迅速和不知疲倦地进行工作，解决实际问题是不受周围环境的影响，可以使专家的专长不受时间和空间的限制，以便推广珍稀的专家知识和经验，能促进教育领域的发展，放大优质教育资源，是一个国家教育现代化的重要标志，是我国教育发展的重要基础设施。

MOOR 对我国基础教育的发展也具有重要意义。它能帮助改善学生的学习方式；解决研究型课程资源缺乏、特别是解决师资不足问题；促进研究型课程或综合实践活动的有效管理和评价，促进课程实施；沉淀学生成长数据，为教育教学规律总结和创新人才的早期发现和持续培养提供数据支持。

四、SMOOC

SMOOC（Super Massive Open On time mic-Course）被译为超大规模开放随时（微）课程，简称超 MOOC，与移动 MOOC 同样基于移动网络和移动终端的发展。

超 MOOC 及其支撑体系包含六层含义：一是在课程资源上，超大规模、超微课程；二是在使用终端装备手段上，实现多终端全媒体学习，包括广播、电视、计算机、智能手机等；三是在网络信息技术上，实现全媒体传输，从 3G 向 4G、5G 等跨越；四是在市场与合作方式上，运用大数据、云计算等技术超越现有学习数据的关联，确保学习数据的有效和统一等；五是在市场与合作方式上，拓展校校合作到采用专业化和公司化相结合的模式；六是在应用范围上，不仅用于普通高等学历教育，也能用于职业教育、各类非学历培训乃至全民学习。

超MOOC就课程资源而言具备两大特性。一是超大规模，指的是课程数量规模和学生规模，均可以从以前的10^5提高到10^8量级，超大规模主要是靠超多资源、超高速度、超大流量和终端数量支撑。二是超微课程，指的是由信息量或时间控制，课程形式多样，从小时到分钟，从分钟到秒钟，学生可灵活利用碎片化时间进行学习。

超MOOC旨在实现“五任何”或“5A”，即“Anyone，Anytime，Anywhere，Anyway，Any knowlege”，其中主要强调的“任何方式（Anyway）”指可以利用广播、电视、计算机、收集和平板电脑等进行全终端学习。超MOOC可实现全媒体覆盖，媒介信息传播采用文字、声音、影像、动画、网页等多媒体表现手段，通过融合的广电网络、电信网络以及互联网络进行传播（三网融合）。同时，全媒体可通过提供多种方式和多层次的各种传播形态来满足学生的细分要求，使得学生获得更及时、更多角度、更多听觉和视觉满足的媒体体验。

超MOOC是个新概念，也是正在尝试的新模式。与MOOC相比，超MOOC应用范围更广，普及率更高。由于学习终端的全媒体化，特别是智能手机的广泛应用，超MOOC不仅能够在推动基础教育、普通高等教育、远程高等教育、职业技术教育改革中发挥积极作用，而且能够广泛应用于各类非学历教育培训，服务于全民终身学习等。

第二节 MOOC 相关制度的形成与完善

MOOC 从产生到发展经过的这些年，理论探索和实践研究不断革新与完善。但 MOOC 若要在社会中获得更广泛的关注和取得更进一步的发展，离不开制度的引领，它们是 MOOC 发展的保障。

近些年来，已有一些国家与组织就此作出了一系列举措保障和推进MOOC的发展，我国也正处在积极推进MOOC制度建设、推动教学改革的转型时期。

例如，美国教育理事会对Course中五门课程的认证，保障了课程学习的含金量，以此吸引更多的学生并与培根测试中心合作提供个人考试服务；Udacity和edX 与测验服务提供商 Pearson VUE 达成了协议，在网站上注册学习的学生可以选择参加有监考（认证）的期末考试[1]；美国政府修正了《高等教育法》《高等教育机会法案》对网络教育机构和教师资质提出了更高的要求，并将网络教育列为高等教育的一部分。英国基于过往教育技术革新经验，为保持未来教育的领先地位，英国开放大学联合其他国内一流大学建设自有平台FutureLearn，并受到英国文化委员会加盟支持，获得英国大学与科学大臣的赞誉和肯定，后由政府部门直接参与发展状况调研，用以改进平台的不足，为扩大影响力保驾护航。法国高等教育与科研部在2013年对未来五年的高等教育的规划中，就

1 丽贝卡·奈特.在线教学颠覆商学院教育[EB/OL]. [2012-10-29]. http://www.ftchinese.com/story/001047178.

包含着建设MOOC平台FUN MOOC的规划，并将此提升到“大学革命”的高度，从国家战略层面推进以MOOC为主题的在线教育发展。欧盟的高校联盟对MOOC的发展思路是从学校领导的意见出发，尊重学校决策，确保校方的利益并重视校际间的合作，乐于与校外技术公司的合作。值得一提的是欧盟高校联盟的MOOC课程并没有加入美国的三大公司，坚持着欧洲自身的特点。在日本，为了打造其国内MOOC学习环境，日本的教育通信行业联手高等教育机构于2013年秋天成立了“日本开放在线教育推进协议会”。

MOOC的制度保障在对于我国来说有着重要战略意义。它推动着教育信息化的变革，展示了我国教育成果，吸引了国外的目光，为我国在国际上扩大影响力和建立自己的话语权出力，也是提升教育软实力的重要举措。与此同时，通过制度的保障，商业的投入，MOOC领域将带动国内信息消费，引领学习型社会的建设。

我国从政府层面提出了“构建利用信息化手段扩大优质教育资源覆盖面的有效机制”的要求，各省市积极响应。如上海据此结合上海市教育综合改革总体部署，从市级层面推行的上海市高中名校慕课平台，从四所实验性示范高中的优质资源出发，面向全市所有中学生分享优质、特色的拓展型和研究型课程资源，现已开展到第二期，涵盖了50多门课程，新加入了十几所高中，从硬件上保障了MOOC学习的开展。我国MOOC运行的制度保障是一个不断探索和改进的过程，经过社会各界人士的努力，势必能够形成广泛的社会影响力，达成MOOC诞生之初所期待的局面。

本章小结

当今的MOOC教学，主要是cMOOC、xMOOC两种教学模式。在这之后随着MOOC在国内的推广和应用，针对其在实践教学中的诸多问题，研究者和实践者们也在不断改进、重构MOOC的课程教学模式，比如MobiMOOC、SPOC、MOOR、SMOOC等。它们是MOOC的延伸内容，同时也是未来的发展方向，值得研究者关注。

在MOOC的推广过程中，制度的保障必不可少。诸多保障MOOC发展的制度的推行，也是国家与教育界努力探索的结果呈现。

后MOOC时代是MOOC的延续，是未来发展的路径，也是对MOOC更加完善的期待，需要社会各界人士不断的努力。